Gerenciamento de Projetos de Marketing

Carlos Magno da Silva Xavier
Ana Luiza Collares Xavier
Luiz Fernando da Silva Xavier

Gerenciamento de Projetos de Marketing

Uma Adaptação da Metodologia Basic Methodware®

BRASPORT

Rio de Janeiro
2019

Editor: Sergio Martins de Oliveira
Gerente de Produção Editorial: Marina dos Anjos Martins de Oliveira
Revisão: Maria Helena A. M. Oliveira
Editoração Eletrônica: Abreu's System
Design de figuras: Origami Marketing Estratégico
Capa: Trama Criações

DADOS INTERNACIONAIS DE CATALOGAÇÃO NA PUBLICAÇÃO (CIP)

X3g Xavier, Carlos Magno da Silva.
Gerenciamento de projetos de marketing: uma adaptação da metodologia Basic Methodware / Carlos Magno da Silva Xavier, Ana Luiza Collares Xavier, Luiz Fernando da Silva Xavier. – Rio de Janeiro: Brasport, 2019.
164 p. : il. ; 17 x 24 cm.

Inclui bibliografia.
ISBN 978-85-7452-945-5

1. Marketing. 2. Planejamento estratégico. 3. Gestão de projetos. 4. Basic Methodware®. I. Xavier, Ana Luiza Collares. II. Xavier, Luiz Fernando da Silva. III. Título.

CDU 658.8.012.2

Bibliotecária responsável: Bruna Heller – CRB 10/2348

Índice para catálogo sistemático:
1. Planejamento no marketing 658.8.012.2

BRASPORT Livros e Multimídia Ltda.
Rua Teodoro da Silva, 536 A – Vila Isabel
20560-005 Rio de Janeiro-RJ
Tels. Fax: (21)2568.1415/3497.2162
e-mails: marketing@brasport.com.br
vendas@brasport.com.br
editorial@brasport.com.br
www.brasport.com.br

Apresentação

A gestão de projetos não é uma novidade. Grandes obras foram realizadas, excelentes produtos foram desenvolvidos, grandes empresas foram criadas, isso só para citar alguns tipos de projetos que vêm sendo executados ao longo dos tempos. O que principalmente diferencia o mundo atual da época em que as pirâmides foram construídas é a velocidade em que as mudanças estão ocorrendo.

Em razão desse cenário de evolução, principalmente tecnológica, e da busca constante por inovações, a gestão de projetos teve de evoluir. Tudo se resume em entregar mais rápido para o cliente o que foi demandado, sem prejuízo para a qualidade. Embora a cobrança por resultados esteja mais forte do que nunca, vemos também a reivindicação do profissional por mais qualidade de vida. E a forma de alinhar resultados com a vida pessoal é por meio de processos que auxiliem na otimização do trabalho.

Sabemos que a qualidade está associada à existência de "processo". Por isso é importante, para que tenhamos qualidade na gestão de projetos, a existência de uma metodologia. Será que isso "engessaria" ou "burocratizaria" o desenvolvimento de projetos na organização? Para que isso não aconteça, devemos adaptar o gerenciamento à complexidade de cada projeto, utilizando metodologias ágeis de desenvolvimento de produtos, como o *Scrum*, e ferramentas visuais e colaborativas, como o *Canvas* e o *Kanban*.

Pensando nos projetos de marketing é que desenvolvemos este livro, uma abordagem prática e simplificada de como iniciar, planejar, executar, monitorar, controlar e encerrar esses projetos. Esperamos que, com a metodologia descrita neste livro, os seus projetos possam ser gerenciados sem a necessidade de engessamento ou burocracia.

Carlos Magno da Silva Xavier (Doutor, PMP)
Ana Luiza Collares Xavier
Luiz Fernando da Silva Xavier (Mestre, PMP)

A Série "Gerenciamento de Projetos sem Complicação"

Temos presenciado nos últimos anos, inclusive no Brasil, a valorização do gerenciamento de projetos como ferramenta para transformar em realidade os objetivos estratégicos das organizações, agregando valor para o negócio. Com essa valorização, as organizações têm canalizado recursos físicos e financeiros para o desenvolvimento de habilidades de seus colaboradores nessa área. Essas habilidades estão associadas à utilização, entre outras ferramentas, de processos, também chamados de "práticas", de gerenciamento de projetos. Quanto maior a conscientização e utilização dessas práticas, maior é a maturidade da organização em gerenciamento de projetos.

Sempre que em uma organização pretendemos implantar um novo processo, existe uma resistência natural à mudança, principalmente pelo sentimento dos envolvidos de que o novo processo irá aumentar a carga de trabalho, engessando e/ou burocratizando o trabalho a ser realizado. Dessa forma, temos de ter o cuidado para que o desenho do novo processo seja não somente aderente às necessidades da organização, mas também desfaça essa imagem preconcebida.

Com esse espírito é que surgiu a ideia de lançarmos uma série de livros que apresentasse, de forma simples, prática e objetiva, como o gerenciamento de projetos pode ser feito de forma descomplicada. O primeiro livro da série apresentou a Metodologia Basic Methodware®, que é uma versão simplificada da Methodware®, desenvolvida pela Beware Consultoria e Treinamento (<www.beware.com.br>) e que vem sendo adaptada a várias organizações desde o seu lançamento, em 2004. A Basic Methodware® não é voltada para um tipo de projeto específico. Já foram lançados nesta série: "Gerenciamento de Projetos de Inovação, Pesquisa e Desenvolvimento (P&D)"; "Projetos de Infraestrutura de TIC"; "Gerenciamento de Projetos de Construção Civil"; "Gerenciamento de Projetos de Mapeamento e Redesenho de Processos" e "Gerenciamento de Projetos Esportivos".

Outros livros da série irão abordar, de forma específica, além do gerenciamento de portfólio e programas, o gerenciamento dos seguintes tipos de projetos: desenvolvimento de novos negócios; desenvolvimento de software; projetos governamentais; eventos; energia e outros.

Espero que a série seja útil ao seu trabalho. Peço que envie para mim qualquer comentário que considere útil para a melhoria de nossos livros, assim como sugestões de novos temas.

Sucesso em seus projetos!

Carlos Magno da Silva Xavier (Doutor, PMP)
Coordenador da Série "Gerenciamento de Projetos sem Complicação"
<magno@beware.com.br>

Sobre os Autores

Carlos Magno da Silva Xavier foi eleito, em 2010, uma das cinco personalidades brasileiras da década na área de gerenciamento de projetos. É Doutor em administração de empresas pela Universidad Nacional de Rosário (Argentina) e Mestre em Sistemas e Computação pelo Instituto Militar de Engenharia (IME). É Capitão-de-Mar-e-Guerra da reserva da Marinha do Brasil, Sócio-Diretor do Grupo Beware e da CMX. Sua experiência profissional, de mais de vinte anos, inclui a consultoria para várias organizações (TIM, Eletronuclear, BR Distribuidora, Eletropaulo, Marinha do Brasil, Iguatemi, Emgepron, SESC-Rio, Petrobras e outras). É autor/coautor de 18 livros, dentre eles "Metodologia de Gerenciamento de Projetos: Methodware" – publicado pela Brasport e eleito em 2010 o melhor livro brasileiro da década na área de gerenciamento de projetos. É certificado *Project Management Professional* (PMP) pelo *Project Management Institute* (PMI) e professor de MBAs da Fundação Getúlio Vargas desde 2000. A sua tese de doutorado, "As Balas de Prata no Gerenciamento de Projetos", recebeu o prêmio de "Projeto Acadêmico do Ano de 2014" durante o 9º Congresso Brasileiro de Gerenciamento de Projetos. Foi Vice-Presidente de Comunicação do PMI-Rio na gestão 2006/2007 e Líder do grupo PMI-Rio no Terceiro Setor de 2003 a 2007.

Contato: <magno@beware.com.br>

Luiz Fernando da Silva Xavier é mestre em Administração de Empresas pela Universidade Federal Fluminense (UFF), certificado como *Project Management Professional* (PMP) e *Risk Management Professional* (RMP) pelo *Project Management Institute* (PMI), pós-graduado em Administração com ênfase em Sistemas de Informações Gerenciais pela UFF e especialista em Análise de Sistemas pelo Instituto Brasileiro de Pesquisas em Informática (IBPI). Sua vivência profissional inclui mais de 25 anos de experiência com projetos, consultoria em gestão, além de docência em cursos de graduação desde 1993 e pós-graduação desde 1995. Ministra aulas nos programas de MBA da Fundação Getúlio Vargas (Gestão Empresarial, Finanças, Logística e Projetos) desde 1998. Atualmente é sócio-diretor do Grupo Beware e de outras empresas correlatas. É autor/coautor de oito livros, dentre eles "Metodologia de Gerenciamento de Projetos: Methodware" – publicado pela Brasport e eleito em 2010 o melhor livro brasileiro da década na área de gerenciamento de projetos.

Contato: <xavier@beware.com.br>

Ana Luiza Collares Xavier é apaixonada por marketing. Formada em Comunicação Social pela ESPM, com curso de extensão em marketing na University of California Irvine, é pós-graduada em Gestão Empresarial pela Fundação Getúlio Vargas e em Comunicação Digital pela Infnet. Atuou em empresas brasileiras (Light, Aliansce Shopping Center etc.) e americana (World Wide Motion Pictures, na Califórnia). Com o compromisso de ajudar as empresas a agregarem mais valor às suas marcas e melhorarem seus resultados, ela é consultora e propaga seu conhecimento ministrando cursos.

Contato: <anacollaresxavier@gmail.com>

Sumário

Introdução

No início de um projeto podemos fazer tudo, mas não sabemos nada. Ao final do projeto sabemos tudo, mas já não podemos fazer nada. (Peter Drucker)

Em um mercado cada vez mais globalizado e competitivo, que tem levado as organizações a viverem em permanente estado de mudança, temos presenciado nos últimos anos uma busca incessante das empresas pelo uso de práticas de gerenciamento de projetos que possam agregar valor mais rápido para o negócio (*strategic throughput* – vazão estratégica). Isso faz com que o planejamento do projeto seja estruturado de forma a entregar versões do produto (MVP – *Minimum Viable Product* – mínimo produto viável) que possam ser testadas e usadas pelo cliente, fazendo com que o retorno do investimento comece o mais rápido possível. Esse raciocínio também vale para serviços, como, por exemplo, ações de marketing, onde devem ser priorizadas aquelas que trarão melhores retornos e no menor tempo.

A metodologia Basic Methodware®, utilizada neste livro, de utilização prática para gerentes de pequenos e médios projetos, é uma versão simplificada da metodologia Methodware® (XAVIER et al, 2014). Ela também é útil para aqueles que estiverem iniciando na área de gerenciamento de projetos, que vão verificar que é possível gerenciar sem burocratizar o trabalho, trazendo como benefício uma maior previsibilidade do projeto, aumentando a chance de sucesso. Ela incorpora uma das ferramentas mais conhecidas de melhoria contínua de processos: o ciclo PDCA (*Plan – Do – Check – Act*) da qualidade, representado na Figura 1. Também conhecido como ciclo de Shewhart ou ciclo de Deming, foi idealizado por Shewhart na década de 1920 e utilizado no Japão por Deming após a Segunda Guerra Mundial.

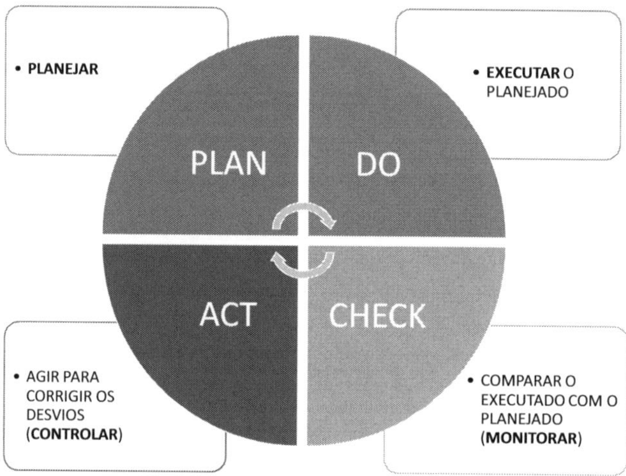

Figura 1 – O ciclo PDCA da qualidade adaptado para o gerenciamento de projetos

O P representa o Planejamento, fase onde se definem as metas e as ações que permitirão atingi-las. Na fase de Desenvolvimento (D) as tarefas planejadas são executadas. Em paralelo a essa execução, é feita a coleta de dados, comparando o que está sendo feito com o planejamento, para Checar (C) o trabalho realizado, o que, no caso do gerenciamento de projetos, chamamos de "Monitoramento". Os desvios entre o previsto e o realizado, detectados na checagem, subsidiam a Ação (A) corretiva na fase seguinte, que denominamos "Controle" no gerenciamento de projetos. Nesse momento, devemos analisar os erros cometidos e recomeçar o ciclo PDCA, planejando outra vez as ações necessárias. A cada ciclo, temos mais informações sobre as características do processo e, consequentemente, teremos melhorias contínuas como resultado.

Dessa forma, os processos de gerenciamento da metodologia Basic Methodware® foram organizados de acordo com os seguintes grupos: iniciar; planejar (*Plan*); executar (*Do*); monitorar (*Check*), controlar (*Act*); e encerrar o projeto. Dessa forma, após o início, os projetos são gerenciados com base no refinamento sucessivo do ciclo PDCA até o seu encerramento, o que está ilustrado na Figura 2.

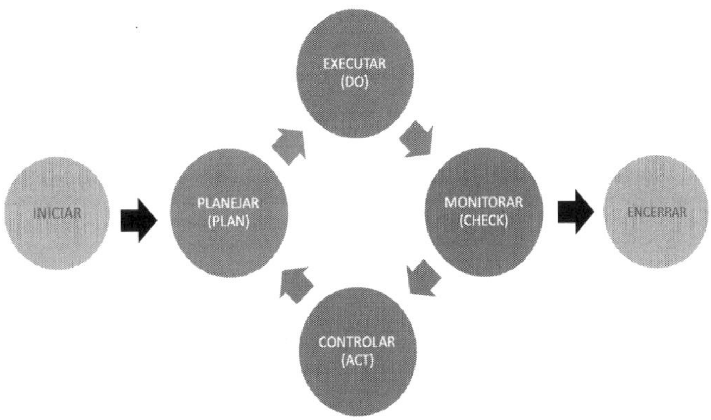

Figura 2 – Os grupos de processos da metodologia Basic Methodware®

É importante salientar que os métodos tradicionais de gerenciamento de projetos, divulgados pelo *PMBOK® Guide* do PMI, não estão dando conta de atender às expectativas de nossos clientes, conforme pode ser visto pelo resultado da pesquisa anual PMSURVEY.ORG, realizada em 2014 com 400 organizações, em nove países, por seções regionais do PMI (*Project Management Institute*), onde 94% relataram que na maioria das vezes ou sempre têm problemas com o desempenho de prazo dos projetos; 84% com o de custo; 67% com a qualidade; e 56% com recursos humanos, conforme está representado no gráfico da Figura 3.

Figura 3 – Problemas em projetos. Fonte: Pesquisa realizada em 2014, com 400 organizações, em nove países, por seções regionais do PMI (*Project Management Institute*), cujo relatório geral está disponível em <http://beware.com.br/arquivos/Report2014-PMSURVEY.pdf>.

Devemos, então, abandonar os métodos tradicionais? Na verdade, não. É impensável achar que não precisamos fazer cronogramas, gerenciar riscos ou até mesmo combinar escopo. Além disso, a pesquisa PMSURVEY.ORG de 2014 também mostrou que os problemas mais comuns dos projetos são de comunicação, como pode ser visto na Figura 4.

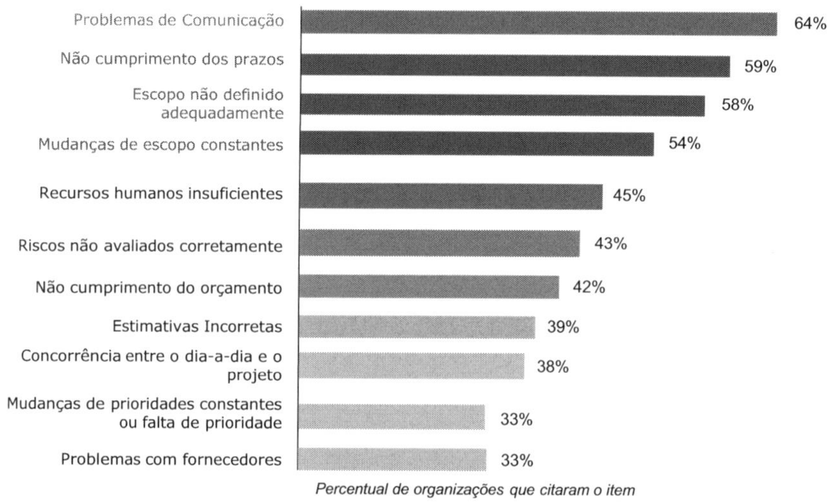

Figura 4 – Os problemas mais comuns em projetos. Pesquisa realizada em 2014, com 400 organizações, em nove países, por seções regionais do PMI (*Project Management Institute*), cujo relatório geral está disponível em <http://beware.com.br/arquivos/Report2014-PMSURVEY.pdf>

Assim sendo, utilizar melhores formas de comunicação com os *stakeholders* do projeto deve ser uma preocupação constante dos gerentes. O que devemos fazer é utilizar métodos híbridos, ou seja, que combinem artefatos tradicionais de metodologias simples com métodos ágeis e com melhores formas de comunicação com os *stakeholders*.

Neste livro utilizaremos um modelo *Canvas* para a concepção colaborativa de projetos de marketing, em conjunto com a nossa metodologia (de apenas 13 processos), que incorpora uma das ferramentas mais conhecidas de melhoria contínua: o ciclo PDCA (*Plan – Do – Check – Act*) da qualidade. Também incorporamos uma abordagem ágil de desenvolvimento de produtos e serviços (*Scrum*) e uma forma colaborativa e visual de acompanhamento de projetos (*Kanban*).

O fato de adotarmos uma metodologia não quer dizer que ela deva ser aplicada da mesma maneira em todos os projetos da organização. Dependendo da tipicidade e complexidade, a equipe do projeto irá dispender mais ou menos esforços em seu gerenciamento. O gerente do projeto, com a colaboração de sua equipe, é o responsável pela determinação do grau adequado de rigor e detalhe a ser usado em cada processo de gerenciamento.

Existem vários tipos de projetos em uma organização. Eles se diferenciam quanto à complexidade e quanto ao produto ou serviço a ser desenvolvido. Este livro apresenta uma adaptação da Basic Methodware® para o gerenciamento de projetos de marketing.

No Capítulo 1 deste livro é feito um nivelamento acerca dos conceitos básicos de gerenciamento de projetos, após tecermos algumas considerações acerca da sua importância. No Capítulo 2 são apresentados os conceitos do planejamento estratégico de marketing. No Capítulo 3 são explicados os processos da metodologia Basic Methodware®, utilizando como exemplo o projeto de implementação de um planejamento estratégico de marketing.

No apêndice A o leitor tem disponíveis, para o Projeto de Implementação de um Plano Estratégico de Marketing, os seguintes documentos: Plano de Marketing; *Project Canvas*; Proposta do Projeto; e Plano do Projeto.

O apêndice B apresenta modelos (*templates*) dos documentos utilizados na metodologia. No final do livro incluímos um glossário de termos extraídos do *PMBOK® Guide*, complementado com alguns termos, assim como a bibliografia de referência.

1. A Importância do Gerenciamento de Projetos e os seus Conceitos Básicos

1.1. Por que adotar práticas de gerenciamento de projetos?

O marketing digital trouxe muitas mudanças para o marketing, uma das mais relevantes foi a possibilidade de mensuração das ações de marketing. Com isso e com tecnologias como *big data*, *machine learning*, ferramentas de automação e outras, o mercado ficou totalmente focado em resultado, produtividade e dados.

Análises subjetivas e o achismo deram lugar à análise de dados concretos para a tomada de decisão. Muitos profissionais ainda sofrem com essa transição e têm receio de palavras como KPIs (indicadores-chave de desempenho), métricas e ROI (retorno sobre investimento), que nos permitem conhecer nosso cliente bem mais profundamente do que em qualquer momento da história, oferecendo conteúdo mais relevante do que o formato de propaganda tradicional. Assim, o maior ganho é uma comunicação direcionada e com menos recursos.

Antes se investia mais para atingir o público-alvo, hoje podemos investir menos e falar diretamente com o nosso público, praticamente uma comunicação *one on one*. A importância da informação no marketing cresceu tanto que as grandes empresas criaram uma área focada em obter, analisar e apresentar dados relevantes que possam trazer à empresa um maior diferencial competitivo e uma maior entrega de valor ao cliente.

Justamente nesse cenário de busca de mais resultado e de produtividade é que entra a proposta deste livro de aplicar as boas práticas de gerenciamento de projetos na área de marketing, aumentando a eficiência e a eficácia das iniciativas, a previsibilidade de prazo e custo dos projetos, assim como os benefícios para a organização.

Realização de eventos, criação de campanhas de comunicação, lançamento de produtos e serviços etc., tudo é projeto. Os profissionais de comunicação e marketing muitas vezes não chamam essas iniciativas de projetos, mas é importante que sejam tratadas como tal.

A seguir, vamos alinhar alguns conceitos básicos de gerenciamento de projetos.

1.2. Conceitos básicos de gerenciamento de projetos

1.2.1. Projeto

Para o *PMBOK® Guide* (PMI, 2017), projeto "é um esforço temporário empreendido para criar um produto, serviço ou resultado exclusivo". Portanto, necessita de objetivos claros, medidas de resultados, datas de início e término que atendam aos requisitos negociados e explícitos dos envolvidos (*stakeholders*), que são as pessoas e organizações, como: clientes, patrocinadores, organizações executoras e o público, que estejam ativamente envolvidas no projeto ou cujos interesses possam ser afetados de forma positiva ou negativa pela execução ou término do projeto. Esse conceito será explicado com mais detalhes no Capítulo 3 (Processo P1 – Identificar os *stakeholders*).

De acordo com a norma ABNT NBR ISO 21500 (Orientações sobre o Gerenciamento de Projetos), projeto é "um conjunto único de processos, que consiste em atividades coordenadas e controladas com datas de início e fim, empreendidas para atingir os objetivos do projeto". Os projetos, por definição, têm, portanto, uma data de início e de término definidas, sendo esta a chave para determinar se um trabalho pode ser considerado um projeto. A Figura 1.1 resume as características de um projeto.

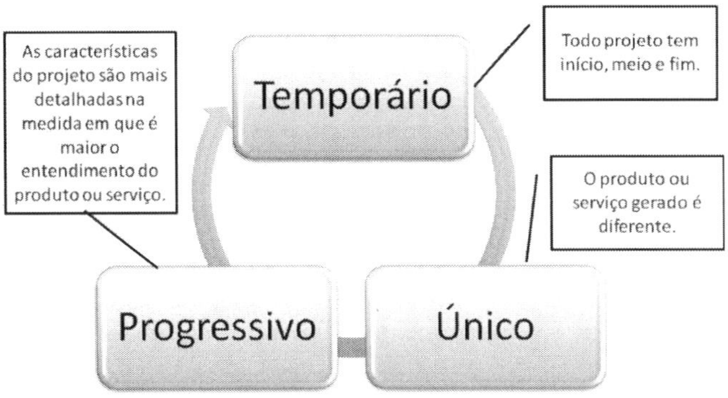

Figura 1.1 – Características de um projeto

Os projetos ocorrem em praticamente todas as organizações e em todas as suas áreas e níveis, gerando produtos e serviços para clientes internos e externos. Como exemplos de projetos, podemos citar:

- Lançamento de um novo produto ou serviço.
- Construção de uma garagem.
- Desenvolvimento de um software.
- Implantação de uma nova tecnologia.
- Realização de uma viagem.
- Publicação de um livro.
- Organização de um evento (festa, reunião, congresso, torneio esportivo etc.).
- Planejamento e implementação de uma mudança organizacional.
- Pesquisa de um novo produto.
- Construção de um edifício.
- Implantação de um novo treinamento para os funcionários.

1.2.2. Diferenciando projetos de processos em uma organização

Não são exemplos de projetos os procedimentos contínuos e repetitivos em uma organização, como, por exemplo:

- Compra contínua de materiais.
- Fabricação de carros.
- Gerenciamento da rede de computadores.
- Manutenção contínua da planta industrial.

- Venda de produtos.
- Pagamento de fornecedores.

Vale ressaltar que muitos processos na organização têm um pouco de procedimentos contínuos e repetitivos e um pouco de projetos. Por exemplo, podem ser tratados como projetos: a manutenção específica de um equipamento, uma correção em um software ou a compra de um determinado equipamento. A Figura 1.2 apresenta as diferenças e semelhanças entre projetos e processos operacionais.

Figura 1.2 – Projetos x processos operacionais

A discussão principal não é se o que vai ser feito é um processo ou um projeto, mas, sim, o que vamos tratar com as formalizações de que um projeto necessita.

1.2.3. Programa

Um grupo de projetos gerenciados de forma coordenada, visando obter benefícios comuns, difíceis de serem alcançados quando gerenciados isoladamente, é denominado programa. Eles podem envolver uma série de empreendimentos cíclicos ou repetitivos, às vezes sem uma data de fim muito clara. Um "Programa de Qualidade Total" é um exemplo. A natureza ou o produto final dos projetos podem ser bastante distintos, mas em comum estes têm uma forte convergência ou um forte alinhamento estratégico.

1.2.4. Carteira de projetos (portfólio)

É o conjunto de todos os projetos de um gerente, de um setor ou de toda a empresa. Cada projeto pode ou não fazer parte de um programa.

1.2.5. Subprojetos

Para um melhor gerenciamento, um projeto pode ser dividido em **subprojetos**. Subprojeto, portanto, é um subconjunto de um projeto e pode ser gerenciado por um membro da equipe, por uma empresa externa ou por outra unidade funcional da empresa.

A Figura 1.3 demonstra que um programa pode ter vários projetos, os quais podem ser subdivididos em subprojetos, agrupados em programas, e compõem a carteira de projetos (portfólio) de uma empresa. O projeto C, por exemplo, não faz parte de um Programa, mas compõe a carteira de projetos.

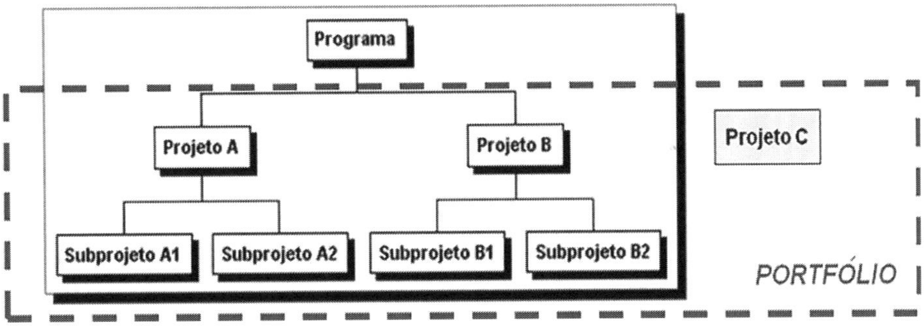

Figura 1.3 – A carteira de projetos de uma organização

1.2.6. Gerenciamento de projetos

O gerenciamento de projetos (GP) é um ramo da ciência da administração que trata da iniciação, do planejamento, da execução, do monitoramento, do controle e do fechamento de projetos. O gerenciamento de projetos envolve a aplicação de conhecimento, habilidades, ferramentas e técnicas às atividades do projeto a fim de atender aos seus requisitos. Sua aplicação ao longo de todo o trabalho permite a avaliação do desempenho, o aprendizado contínuo e a antecipação do desempenho futuro com razoável confiabilidade. O gerente de projetos é a pessoa responsável pela realização dos objetivos do projeto.

1.2.7. Áreas de conhecimento do gerenciamento de projetos

Para o gerenciamento de projetos, com a aplicação de conhecimentos, habilidades, ferramentas e técnicas às atividades do projeto, a fim de atender ao propósito para o qual ele está sendo executado, o *PMBOK® Guide* propõe dez áreas de conhecimento: escopo, cronograma, custo, qualidade, recursos, comunicações, riscos, aquisições, partes interessadas e integração, sendo esta última a responsável pela consistência do gerenciamento, o que pode ser visualizado na Figura 1.4.

Figura 1.4 – As áreas de conhecimento do gerenciamento de projetos

- **Gerenciamento de integração do projeto:** são os processos que integram os diversos elementos do gerenciamento de projetos, que são identificados, definidos, combinados, unificados e coordenados dentro dos grupos de processos de gerenciamento de projetos.
- **Gerenciamento do escopo do projeto:** são os processos envolvidos na verificação de que o projeto inclui todo o trabalho necessário, e apenas o trabalho necessário, para que seja concluído com sucesso.
- **Gerenciamento do cronograma do projeto:** são os processos necessários para que haja o término do projeto no prazo correto.
- **Gerenciamento de custos do projeto:** são os processos envolvidos em planejamento, estimativa, orçamentação e controle de custos, de modo que o projeto termine dentro do orçamento aprovado.
- **Gerenciamento da qualidade do projeto:** são os processos envolvidos na garantia de que o projeto irá satisfazer os objetivos para os quais foi realizado.

- **Gerenciamento de recursos do projeto:** são os processos que organizam e gerenciam os recursos (pessoas, materiais e equipamentos) do projeto.
- **Gerenciamento das comunicações do projeto:** são os processos relativos à geração, à coleta, à disseminação, ao armazenamento e à destinação final das informações do projeto de forma oportuna e adequada.
- **Gerenciamento de riscos do projeto:** são os processos relativos à realização do gerenciamento das ameaças e oportunidades em um projeto.
- **Gerenciamento de aquisições do projeto:** são os processos que compram ou adquirem produtos, serviços ou resultados, além dos necessários ao gerenciamento de contratos.
- **Gerenciamento das partes interessadas (*stakeholders*) do projeto:** são os processos necessários para que sejam gerenciados as pessoas e os grupos envolvidos, impactados ou afetados pelo projeto.

1.2.8. Escritório de projetos (*Project Management Office* – PMO)

Segundo o *PMBOK® Guide*, o PMO é um setor organizacional que oferece suporte aos serviços de gerenciamento de projetos. Os PMOs podem operar de modo contínuo, desde o fornecimento de funções de apoio ao gerenciamento de projetos na forma de treinamento, software, políticas padronizadas e procedimentos, até o gerenciamento direto do projeto e a responsabilidade pela realização dos objetivos do projeto.

De acordo com o PMI (2011), os PMOs contribuem, em média, diretamente para as seguintes melhoras de desempenho:

- 31% de diminuição no fracasso de projetos;
- 21% de aumento de produtividade;
- 19% de projetos entregues adiante do prazo;
- 17% de redução de custos em projetos.

Em <https://beware.com.br/academia/e-books/>, no e-book "Como Implantar um Escritório de Gerenciamento de Projetos (PMO)?", são citadas duas estatísticas preocupantes: 60% dos profissionais seniores de projetos questionam o valor do PMO; e 50% dos PMOs falham em sua primeira implementação. É fundamental, portanto, entender esse setor da organização como um prestador de serviços, sendo importante que ele agregue valor para o negócio e não seja tratado somente como um instrumento de relato de desempenho ("dedo duro") dos projetos. A visão deve ser mais de um facilitador do que de um auditor, de forma a não criar uma rejeição ao seu trabalho.

1.2.9. Grupos de processos de gerenciamento de projetos

Essa metodologia descreve a utilização dos processos de gerenciamento de projetos em termos da integração entre os processos, das interações dentro deles e dos objetivos a que atendem. Esses processos são agregados em cinco grupos, definidos como os "grupos de processos de gerenciamento de projetos":

- Iniciar o projeto.
- Planejar o projeto.
- Executar o projeto.
- Monitorar e controlar o projeto.
- Encerrar o projeto.

Para iniciar um projeto é identificada a necessidade (problema ou oportunidade) e são estabelecidos os objetivos do projeto, sendo autorizado que o gerente do projeto comece a planejá-lo.

Para planejar o projeto utilizaremos um modelo simplificado de plano do projeto. Esse modelo permite estabelecer o escopo, o custo e o prazo do projeto, levando em consideração as demais áreas de conhecimento. À medida que forem descobertas novas informações sobre o projeto, as dependências, os requisitos, os riscos, as oportunidades, as premissas e as restrições adicionais serão identificadas ou resolvidas. A natureza multidimensional do gerenciamento de projetos gera revisões integradas dentro do plano. Conforme mais informações ou características do projeto são coletadas e entendidas, podem ser necessárias ações subsequentes. Mudanças significativas que ocorram durante todo o ciclo de vida do projeto provocarão a necessidade de novo planejamento do projeto. A equipe do projeto deve entender as expectativas dos envolvidos, considerando a influência deles no projeto, pois eles possuem habilidades e conhecimentos que podem ser aproveitados no desenvolvimento do plano de gerenciamento do projeto e em quaisquer planos auxiliares. Além disso, precisamos que eles se comprometam também com os resultados do projeto.

Para executar o projeto consideramos que os produtos e serviços serão gerados e entregues conforme planejado. Grande parte do orçamento e do esforço do projeto é consumida nesta etapa.

Para monitorar e controlar o projeto, salientamos que sua execução precisa ser observada, de forma que possíveis problemas possam ser identificados no momento adequado e que possam ser tomadas ações corretivas, quando necessário, para controlar a execução do projeto. O principal benefício do monitoramento é que o desempenho do projeto é observado e medido regularmente para identificar variações em relação ao plano do projeto. Tomar a decisão, para a correção de desvios, denominamos de "controle".

Para encerrar o projeto devemos documentar as lições aprendidas, desmobilizar os recursos alocados ao projeto, encerrar e arquivar os documentos do projeto (inclusive os contratos), com os envolvidos devidamente comunicados desse encerramento.

Vale ressaltar que o nível de atividade, e, portanto, o custo e o número de membros da equipe, é baixo na etapa de iniciação, vai crescendo durante o planejamento, alcançando seu ápice na execução, para depois diminuir na etapa de encerramento. No início do projeto, o risco e a incerteza são altos, sendo, portanto, baixa a probabilidade de conclusão do projeto com sucesso nesse momento. A probabilidade de conclusão bem-sucedida do projeto geralmente aumenta progressivamente conforme o projeto avança, enquanto as incertezas diminuem.

Os processos de gerenciamento não ocorrem somente uma vez durante o projeto, podendo ocorrer em todas as fases. Por exemplo, durante a fase de construção de uma casa, é necessário autorizar o início da obra (iniciação), rever o escopo, o cronograma e o orçamento (planejamento) em função da fase anterior de design (projeto), executar o trabalho planejado (execução), acompanhar o trabalho em andamento (monitorar), tomar decisões em relação aos problemas que acontecem (controle) e formalizar o fim da construção (encerramento).

1.2.10. O gerente do projeto

Para conduzir com êxito a complexidade dos seus projetos, os empregadores querem profissionais que entendam da sua indústria, da estratégia das organizações, e que tenham forte perfil de liderança. Isso fez com que o PMI alterasse em 2013 o "triângulo de talentos do gerente de projetos", focando no desenvolvimento das áreas técnicas para gestão de projetos, habilidades de liderança e também nas habilidades em gestão estratégica e de negócios, conforme pode ser visto na Figura 1.5. No entanto, muitas organizações (acima de 90%) acreditam que as habilidades técnicas de gerenciamento de projetos e as habilidades de gerenciamento estratégico e de negócios podem ser ensinadas. Por isso, tendem a procurar talentos com boas habilidades de liderança, cujas habilidades técnicas de gerenciamento de projetos e de gerenciamento estratégico e de negócios possam ser aprimoradas através de treinamentos.

Figura 1.5 – Triângulo de talentos do gerente de projetos. Fonte: <http://www.pmi.org>

O gerente de projetos ideal deve possuir habilidades gerenciais (liderança, decisão, comunicação, capacidade de influenciar pessoas, negociação, resolução de conflitos etc.), conhecimento gerencial (técnicas de gerenciamento de projetos e de pessoas), conhecimento técnico dos produtos a serem desenvolvidos no projeto e conhecimento da organização onde o projeto será executado (cultura organizacional, pessoas-chave etc.), em especial os objetivos estabelecidos no planejamento estratégico.

O gerente de projetos não precisa ser um especialista na área técnica do projeto. Porém, em projetos de pequeno vulto, essa experiência pode ser um diferencial. Em um grande projeto, por meio de sua capacitação gerencial e da contribuição de uma boa e competente equipe, o gerente tem plenas condições de obter sucesso. Assim sendo, os gerentes são, de modo frequente, chamados a gerenciar e coordenar o trabalho de especialistas cujas atividades e níveis de conhecimento não se encaixam na sua própria especialização. Tanto em casos como esses como em outras situações, o gerente precisa entender que os projetos não são realizados por pessoas que trabalham isoladamente, e sim por equipes de pessoas competentes e motivadas. Porém, ao delegar competências na equipe, o gerente está delegando autoridade e não responsabilidade. Assim, é necessário que o acompanhamento das ações seja feito pelo gerente do projeto. Como o gerente não consegue ser onipresente, é importante que ele dê prioridade ao acompanhamento do que for mais importante e/ou crítico no projeto. Para essa priorização, o gerente deve levar em consideração o princípio de Pareto ou regra 80/20. Esse conceito teve origem com Vilfredo Pareto, um renascentista italiano do século XIX, que em 1897 executou um estudo sobre a distribuição de renda na cidade de Florença. Através desse estudo, percebeu que a distribuição de riqueza não se dava de maneira uniforme, havendo grande concentração de riqueza (80%) nas mãos de uma pequena parcela da população (20%). A partir de então, tal princípio de análise tem sido estendido a outras áreas e atividades tais como a industrial e a comercial, sendo mais amplamente aplicado a partir da segunda metade do século XX. Dessa forma, o princípio de Pareto significa que, para muitos fenômenos, 80% das consequências advêm de 20% das causas. Assim sendo, temos de eleger prioridades no gerenciamento de projetos. Um desdobramento do princípio de Pareto é a Curva ABC, que divide a prioridade em três faixas. Exemplo de aplicação desse princípio no gerenciamento do custo de um projeto:

- Classificar o projeto, por exemplo, da seguinte forma: faixa A (com cerca de 10% das atividades e correspondendo a 70% do custo), faixa B (com cerca de 30% das atividades e 20% do custo) e faixa C (com 60% das atividades e 10% do custo). Dessa forma podemos ter uma ideia a respeito da importância desses grupos de atividades e usar um grau de controle diferenciado para cada grupo.
- Observar o grupo de serviços e insumos que se encaixam naquela faixa de maior peso no valor do empreendimento, para uma revisão mais apurada dos índices no caso de serviços e projeção de redução do custo na negociação dos materiais.
- Identificar as composições de orçamentos que devam ser analisadas com maior rigor.
- Determinar os produtos e serviços que devam ser negociados com prioridade.

O enfoque anterior abordou a questão do custo. Porém, devemos também utilizar o conceito para outras áreas, como escopo, cronograma, riscos, qualidade, aquisições, comunicações, recursos, *stakeholders* e integração.

1.2.11. A gestão moderna de projetos

Em razão do atual cenário de evolução tecnológica e a busca constante por inovações, a gestão de projetos teve de evoluir. Tudo se resume em entregar mais rápido para o cliente o que foi demandado, sem prejuízo para a qualidade. Embora a cobrança por resultados esteja mais forte do que nunca, vemos também a reivindicação do profissional por mais qualidade de vida. E a forma de alinhar resultados com a vida pessoal é através de processos que auxiliem na otimização do trabalho.

A gestão moderna de projetos impõe a utilização de métodos híbridos. Neste livro utilizaremos uma combinação de processos tradicionais, tais como os da metodologia Basic Methodware®, cujo mapa de processos será apresentado no item 1.2.12, com métodos ágeis, tal como *Scrum* e com modelos que melhoram a comunicação e a colaboração com os *stakeholders*, usando *Canvas* e *Kanban*.

Métodos ágeis

A principal vantagem no uso de um método ágil para o desenvolvimento de produtos é agregar valor mais rápido para o negócio (*strategic throughput* – vazão estratégica). Isso faz com que o planejamento do projeto seja estruturado de forma a entregar versões do produto (MVP – *Minimum Viable Product* – mínimo produto viável) que possam ser testadas e usadas pelo cliente, fazendo com que o retorno do investimento comece o mais rápido possível.

O jeito de pensar ágil força o profissional a renunciar a alguns conceitos enraizados pelos métodos tradicionais e a pensar em qualidade e entrega contínua. Essa transição não precisa ser dolorosa, e por meio da prática é possível perceber rapidamente os seus benefícios.

O método ágil mais utilizado em projetos é o *Scrum*. Seu nome é oriundo de uma jogada do rúgbi. Nesse esporte, os jogadores precisam ganhar o terreno de forma colaborativa, não existindo, como no futebol americano, o *sprinter* que sai correndo sozinho com a bola, apesar de precisar contar também com a colaboração dos demais jogadores de sua equipe de modo que o seu caminho seja o mais livre possível.

Enquanto no desenvolvimento tradicional primeiro fixamos o escopo e depois estimamos os recursos e o prazo, no desenvolvimento ágil primeiro verificamos o prazo e os recursos que temos e depois definimos qual escopo é possível entregar. Por isso, o projeto, no método de desenvolvimento ágil, é estruturado em *sprints* (corridas). Podemos, por exemplo, fixar um prazo de quatro semanas para cada *sprint* e, de acordo com a equipe que dispomos, planejar o escopo que será possível entregar em cada corrida. A Figura 1.6 ilustra essa diferença.

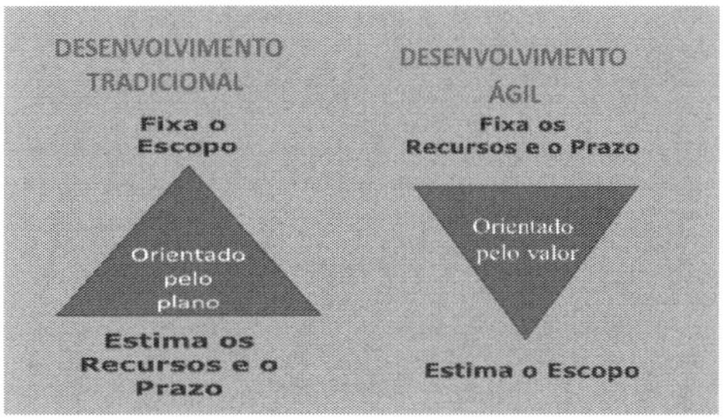

Figura 1.6 - Desenvolvimento tradicional x desenvolvimento ágil

Muitos pensam que os métodos ágeis só podem ser utilizados no desenvolvimento de software, o que não é verdade. Veja, nas figuras 1.7.e 1.8, a diferença na estruturação de um projeto de redesenho de processos entre o desenvolvimento tradicional e o desenvolvimento ágil.

	Projeto de Redesenho de Processos (desenvolvimento tradicional)
1	Planejamento do Projeto
2	Modelagem
3	Análise
4	Redesenho
5	Implantação

Figura 1.7 - Estruturação de um projeto no desenvolvimento tradicional

Neste caso, ao utilizarmos o desenvolvimento ágil, estruturamos o projeto de maneira que, em cada *sprint*, possamos entregar processos implantados, agregando mais cedo valor ao negócio. Outra característica do método ágil *Scrum* é a necessidade de uma maior aproximação do cliente, que terá uma responsabilidade fundamental na definição de prioridades e definição de escopo, assumindo o papel de *Product Owner* (PO), o que será explicado adiante.

	Projeto de Redesenho de Processos (desenvolvimento ágil)
1	Planejamento do Projeto
2	*Sprint* 1 Modelagem Análise Redesenho Implantação
3	*Sprint* 2 Modelagem Análise Redesenho Implantação
4	*Sprint* 3 Modelagem Análise Redesenho Implantação

Figura 1.8 – Estruturação de um projeto no desenvolvimento ágil

Para um melhor entendimento do método *Scrum*, sugerimos a leitura do livro "Scrum e Agile em Projetos" (CRUZ, 2018).

Canvas

Usar *Canvas* (quadro) é uma forma bem interessante de melhorar a comunicação visual e a colaboração nas organizações. O modelo *Canvas* mais famoso é o "Business Model Canvas", criado por Alexander Osterwalder, que objetiva representar um negócio em uma só página (<http://businessmodelgeneration.com/canvas/bmc>). O sucesso desse modelo levou à criação de diversos *canvas* na área de negócios, inclusive para a concepção de projetos e programas. Neste livro utilizaremos, para a concepção de projetos, o "Project Canvas Methodware®" da Figura 1.9, que será explicado em 2.10.2.

É importante ressaltar que o modelo *Canvas* é utilizado para a concepção e não para o planejamento de um projeto, sendo necessária a elaboração de um plano, no detalhe adequado a cada projeto, o que será visto no Capítulo 3.

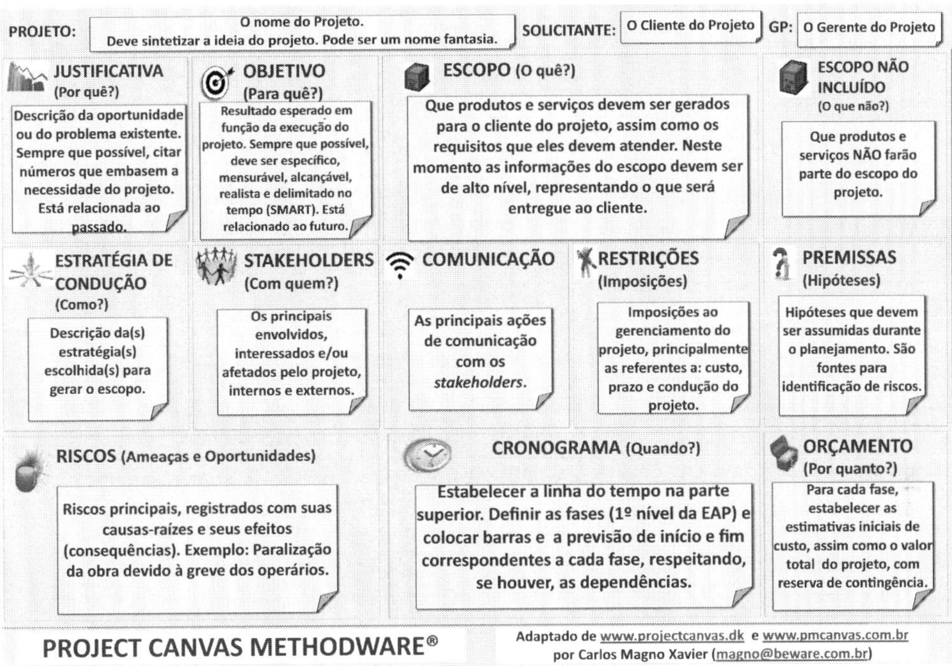

Figura 1.9 – O modelo Project Canvas Methodware®

Sugerimos que, no momento de elaboração de uma proposta ou de iniciação de um projeto, seja realizado um *workshop*, utilizando o modelo "Project Canvas Methodware®" de forma colaborativa. Desse *workshop* devem participar as principais áreas envolvidas no projeto (cliente interno, equipe do projeto, área técnica etc.), demorando de uma a três horas, dependendo da complexidade do projeto, da experiência dos participantes, do conhecimento do modelo e de informações já existentes acerca do projeto.

Kanban

Kanban é uma palavra japonesa que quer dizer placa visível, sinalização ou cartão. A Toyota criou na década de 1960 um sistema *Kanban* para o controle do fluxo de abastecimento e estoques. Hoje o *Kanban* é muito utilizado nas organizações para a priorização e acompanhamento de tarefas. Um exemplo de *Kanban* é o da figura 1.10. Podemos usar *post-its* ou softwares como Trello (<https://trello.com/>) ou Jira (<https://br.atlassian.com/software/jira>) para a implementação do *Kanban*.

Figura 1.10 – Exemplo de *Kanban*

Para explicar o uso do *Kanban* vamos usar o projeto de redesenho de processos, usando o desenvolvimento ágil.

Digamos que o projeto tenha como escopo fazer o redesenho de 10 processos em uma empresa. A coluna *To Do*, também chamada de *backlog*, conterá, no início do projeto, todos os 10 processos que precisarão ser redesenhados. Um representante da área de negócios, normalmente denominado *Product Owner* (PO), deve ser designado para fazer parte da equipe do projeto e ser responsável pela definição de quais processos serão tratados em cada *sprint* e na definição do escopo de cada processo. Para facilitar a priorização dos processos, pode ser elaborada uma matriz de importância x urgência no redesenho de processos, tal como a da Figura 1.11.

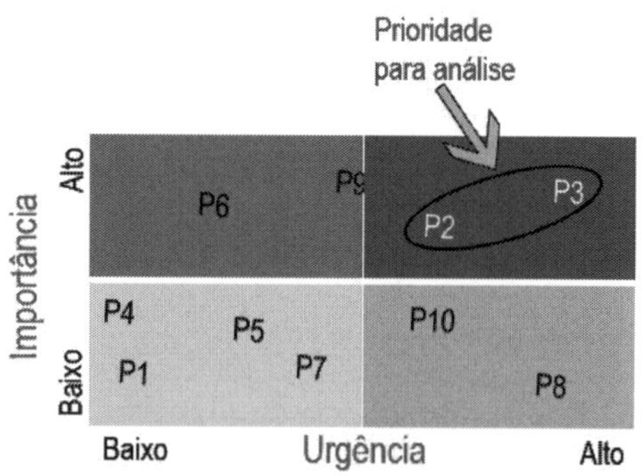

Figura 1.11 – Matriz para a priorização de processos

Digamos que os processos P2 e P3 sejam priorizados para a primeira *sprint*. Dessa forma, eles passam para a coluna *Must Do*. Quando a equipe começar a modelar cada um desses processos eles passam para a coluna *Doing*, indo para *Done* após a implantação deles.

Poderíamos então, em determinado momento do projeto, ter a situação do *Kanban* da Figura 1.12, em que os processos 2 e 3 já estivessem implantados, os processos 8 e 10 sendo tratados, o processo 6 priorizado, mas ainda não tratado, e os processos 1, 4, 5 e 7 aguardando para serem priorizados. Para melhorar o acompanhamento, podemos também criar subgrupos em cada coluna. Por exemplo, na coluna *Doing*, podemos ter as colunas "Modelagem", "Análise", "Redesenho" e "Implantação", onde saberemos a posição exata de cada processo nessas etapas.

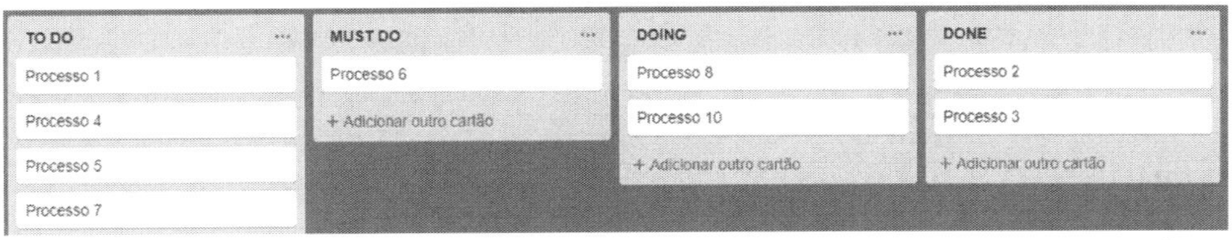

Figura 1.12 – *Kanban* do projeto de redesenho de processos

No Capítulo 3 explicaremos como utilizar o *Kanban* durante a execução e o acompanhamento do projeto exemplo de implantação do plano de marketing no Clube Reivax.

1.2.12. A metodologia Basic Methodware®

No Capítulo 3 apresentaremos a metodologia simplificada de gerenciamento de projetos Basic Methodware® aplicada ao projeto exemplo de implementação de um plano de marketing. Veremos, também, a conjugação dessa metodologia com o uso de *Canvas*, *Scrum* e *Kanban*. O mapa de processos da metodologia está representado na Figura 1.13.

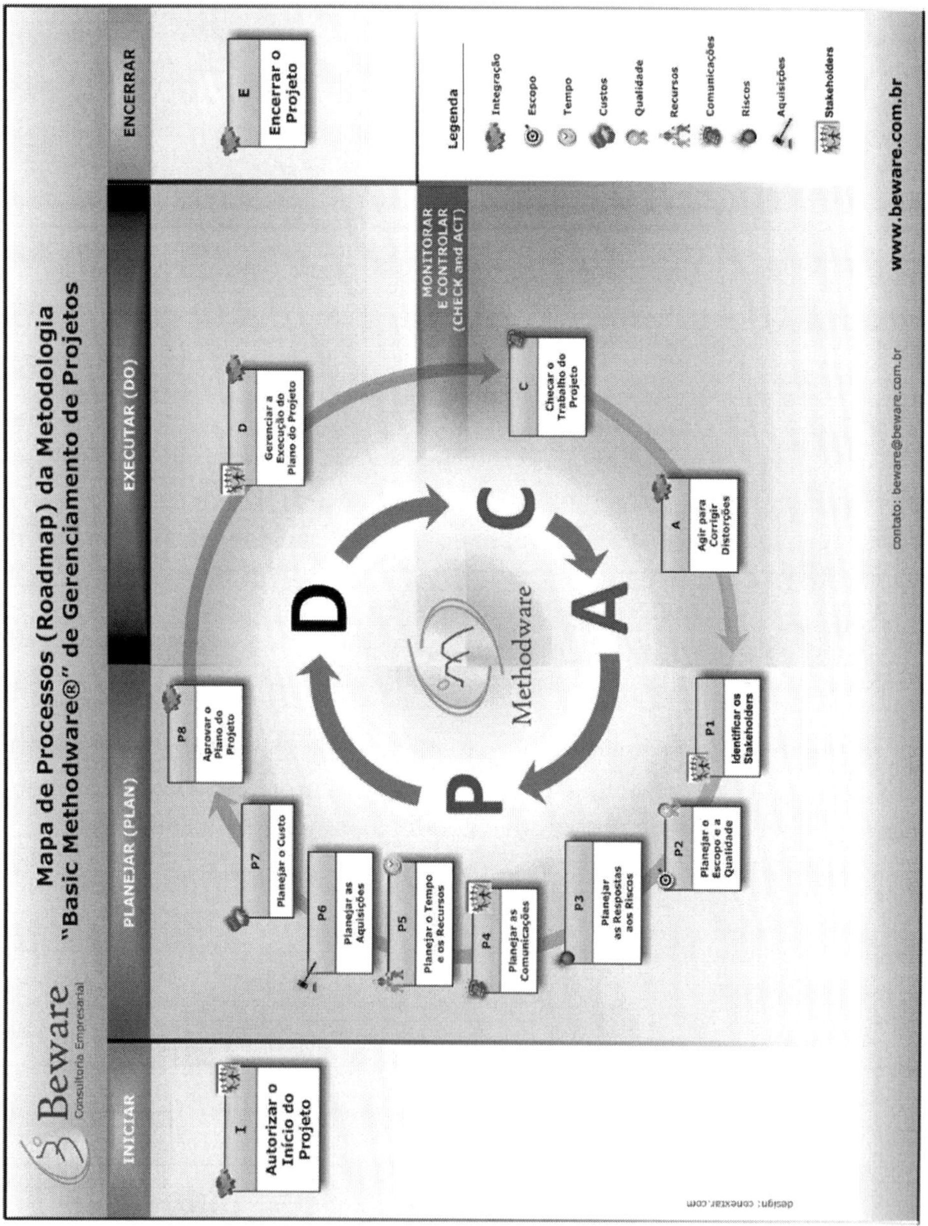

Figura 1.13 – O mapa de processos da metodologia Basic Methodware®

2. Elaborando o Planejamento Estratégico de Marketing

2.1. Introdução ao planejamento estratégico de marketing

Antes de entrarmos no planejamento em si, é importante deixar claro o que é o planejamento estratégico. De acordo com Kotler (1998, p. 62), "o planejamento estratégico é um processo gerencial de desenvolver e manter uma direção estratégica, alinhando as metas e os recursos da organização, preparando-a para as mutantes oportunidades de mercado".

Peter Drucker, o pai da administração moderna, fala: "o planejamento estratégico não é uma tentativa de predizer o que irá acontecer. É um instrumento para raciocinar agora sobre que trabalhos e ações serão necessários hoje, para merecermos um futuro".

Podemos citar o general chinês Sun Tzu, pois, embora tenha vivido antes de Cristo, seus ensinamentos são utilizados até hoje no mundo corporativo. "Se você conhece o inimigo e a si mesmo, não tema o resultado de 100 batalhas. Se se conheces, mas não ao inimigo, para cada vitória sofrerá uma derrota. Se não conhece nem o inimigo nem a si, perderá todas as lutas".

De forma resumida, o planejamento olha para o momento atual, define aonde se quer chegar e o que será feito para alcançar esse objetivo.

O planejamento consiste em: diagnóstico, que engloba a análise interna e externa; a definição do objetivo (aonde se quer chegar); a estipulação das metas; a definição das estratégias; e o detalhamento das ações. É importante ressaltar que o planejamento sofrerá ajustes e mudanças ao longo da sua implementação, pois o mercado é dinâmico, a mudança tecnológica é constante e o público-alvo inconstante. Portanto, é necessário adotar o método de gestão PDCA (*Plan – Do – Check – Act*), onde se planeja, se realizam as ações, se acompanham os resultados e se fazem correções conforme a necessidade.

Para exemplificar o conteúdo contemplado neste livro, adotaremos o estudo de caso do Clube Reivax (fictício), que está em operação há mais de 30 anos em Glamorosa (cidade fictícia). O clube contempla atividades náuticas, sociais e esportivas, em um espaço de mais de 60 mil m^2*, estando hoje com mil sócios. A infraestrutura do clube é excelente, com píer para estacionamento de barcos, estacionamento para carros e motos, piscina, parquinho infantil, cinema, academia, salão de beleza, espaços com churrasqueiras, salões de festa, quadras esportivas e restaurantes. Aulas de tênis, vela, canoagem, futebol, vôlei, pilates e dança também são oferecidas pelo clube através de parcerias. Porém, em razão da crise econômica, o clube perdeu 200 sócios no último ano, tendo reduzido também a receita com a locação de espaços. Por isso, necessita realinhar suas ações de marketing contemplando três objetivos principais nos próximos 12 meses: reter 95% dos sócios atuais; captar 200 novos sócios; e aumentar em 20% a receita com a locação de espaços, que é hoje de R$ 10.000,00 mensais.*

2.2. *Business Model Canvas*

Criado por Alexander Osterwalder, o *Business Model Canvas* incentiva a criação colaborativa e é apresentado no formato de um mapa, em apenas uma página, contemplando as principais estratégias do negócio para entregar valor ao cliente e rentabilizar. Na Figura 2.1 pode ser visto o modelo adaptado para o português. Outros detalhes acerca do modelo podem ser encontrados no livro "Business Model Generation" (OSTERWALDER, 2011).

Figura 2.1 – O Business Model Canvas. Fonte: adaptado de <https://www.strategyzer.com/canvas/business-model-canvas> sob a licença Creative Commons Attribution-ShareAlike 3.0

O modelo possui nove blocos. Tão importante quanto saber o que inserir em cada bloco é utilizar a ordem correta de preenchimento, que segue o raciocínio lógico de quem está refletindo acerca do negócio.

> Clube Reivax
>
> *No nosso exemplo, o Clube Reivax já existe e, por isso, utilizaremos o modelo para entendimento do negócio e não para modelar um novo negócio.*

2.2.1. Proposta de valor

É o que você irá entregar ao cliente, qual o seu serviço/produto e por que o cliente optará pelo seu produto/serviço em vez da concorrência.

No nosso projeto exemplo, a proposta de valor é:
- Diversidade de entretenimento (atividades náuticas, esportivas e sociais).
- Lazer com a família e amigos.
- Segurança.
- Conveniência de ter tantas atividades em um só lugar.
- Estacionamento para carros, motos e barcos.

2.2.2. Segmentos de clientes

Definição do segmento de clientes a que seu serviço/produto irá atender. Em vez de tentar atender a todo mundo, devemos identificar para quem o seu produto/serviço entrega mais valor. Pode ser mais de um nicho de cliente, porém, é importante realizar essa segmentação para que suas ações sejam mais eficazes.

O Clube Reivax atende a três segmentos principais: donos de barcos, aposentados da classe A/B/C e famílias.

2.2.3. Relacionamento com os clientes

Como o relacionamento com seus clientes se dá. Pode ser por meio de um programa de fidelidade, por exemplo.

O Clube Reivax se relaciona com os clientes utilizando todos os cinco sentidos (visão, olfato, paladar, tato e audição) para reforçar o elo afetivo com os seus sócios, proporcionando experiências no próprio clube e divulgando conteúdo relevante em suas mídias.

2.2.4. Canais

Os canais são os pontos de contato entre o seu cliente e a sua marca. Os canais podem ser de vendas, comunicação e distribuição do produto. Aqui você pensa em qual meio/canal irá comunicar a sua proposta de valor ao cliente.

O clube utiliza o seu site, eventos em datas comemorativas, redes sociais, revista mensal, SAC, TVs e sistema de som do clube.

2.2.5. Parcerias-chave

Parceria é uma ótima forma de entregar ainda mais valor ao cliente e/ou reduzir custos e/ou entregar mais serviços.

As parcerias do clube são:

- Associações da redondeza (terceira idade, náutica etc.).

- Cerimonialistas.

- Professores de educação física.

- Escolas.

2.2.6. Atividades-chave

As atividades-chave são aquelas essenciais para o funcionamento da sua organização e para a entrega do valor prometido ao cliente.

> Clube Reivax
>
> *As atividades-chave do clube são:*
> *- Seleção e organização das atividades náuticas, esportivas e sociais.*
> *- Manutenção da infraestrutura.*
> *- Aulas esportivas e náuticas.*
> *- Organização e supervisão do estacionamento para barcos, carros e motos.*
> *- Gestão dos entrantes no clube (funcionários, fornecedores, sócios e convidados).*

2.2.7. Recursos-chave

Os recursos-chave são aqueles indispensáveis para que você consiga realizar as suas atividades-chave. Nem sempre é algo tangível – a Disney, por exemplo, coloca o Mickey como um dos seus recursos-chave necessários para realizar as suas atividades.

> Clube Reivax
>
> *Para o Clube Reivax, seus recursos-chave são: recursos humanos, parcerias e a infraestrutura.*

2.2.8. Estrutura de custos

Chegamos na parte do dinheiro. Nesta etapa, você identifica os itens que representam os seus custos mais relevantes.

> *O Clube Reivax tem custos com infraestrutura, recursos humanos e comunicação.*

2.2.9. Fontes de renda ou receita

O último bloco indica as fontes de receita.

> *O Clube Reivax tem a mensalidade dos sócios e a joia, a locação de espaço para eventos e serviços (aulas, salão de beleza e restaurantes), estacionamento de barco e de carro.*

Você pode criar seu *Business Canvas* utilizando ferramentas *on-line*, como o Sebrae Canvas (gratuito), ou imprimir o modelo e realizar um *workshop* com as principais áreas para preenchimento do modelo utilizando *post-its*.

> *Na Figura 2.2 pode ser visto o Business Canvas do Clube Reivax.*

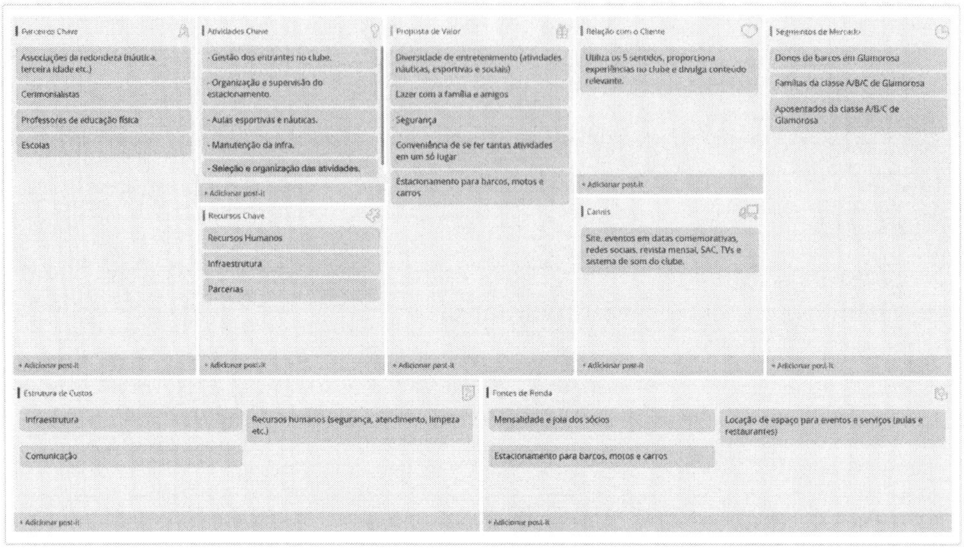

Figura 2.2 – O *Business Canvas* do Clube Reivax

2.3. Diagnóstico

Agora que entendemos o modelo de negócios, chegou a hora de conhecermos o momento em que a organização se encontra, olhando o ambiente interno e externo. Para isso, utilizamos uma ferramenta poderosa, embora simples e de fácil aplicação, conhecida como SWOT. Em inglês, a sigla SWOT representa *Strengths, Weaknesses, Opportunities e Threats* – em português, são as Forças, Oportunidades, Fraquezas e Ameaças. Por isso que a SWOT também é conhecida como FOFA, mas no Brasil a nomenclatura mais utilizada é "Matriz SWOT".

2.3.1. Forças e fraquezas

No âmbito interno, listamos todas as características organizacionais positivas que ajudam a entregar valor ao cliente e podem ser utilizadas como diferenciais competitivos. Em seguida, vemos as fragilidades percebidas pela organização, que podem ser responsáveis pela perda de sua capacidade competitiva e um obstáculo para o atingimento dos objetivos corporativos e a entrega de valor ao cliente.

Falamos sempre sobre "entrega de valor" porque hoje os consumidores não compram produtos, e sim os benefícios atrelados a ele, que podem ser de status, comodidade, segurança etc.

As forças e fraquezas do Clube Reivax estão listadas na tabela a seguir.

Forças	**Fraquezas**
O estacionamento dos barcos é no píer, sendo possível oferecer mais segurança, energia e água aos barcos	Baixo desempenho da assessoria de imprensa
Tradição – fundado em 1983, possui, portanto, 35 anos no mercado	Divulgação dispersa (há dois perfis no Facebook e dois no YouTube)
Marca forte e respeitada na cidade (visto como um clube sério e organizado)	Faltam atividades para adolescentes
Há *wi-fi* disponibilizado, embora com baixa qualidade	Para algumas operadoras, não pega celular no clube
Possui 13.894 contatos no sistema de 4.000 sócios	As áreas do clube são isoladas (principalmente o espaço esportivo)
Possui muitas mídias internas disponíveis	Os sócios têm o costume de entrar pelo acesso que não é esteticamente bonito
Ocupa uma área de 60.480m²	Falta um bom restaurante
Variedade de serviços/ofertas/eventos	A qualidade da mão de obra não é boa (funcionários não possuem treinamentos e têm baixa qualificação e comprometimento)
Boa infraestrutura	O site não é atualizado com a frequência necessária
Ótimo estacionamento (amplo, acessível e em boas condições)	Inexistência de plano estratégico organizacional
Segurança	Limitações de recursos financeiros e logísticos
Acessibilidade para deficientes físicos (rampas, topografia favorável etc.)	Baixa frequência em relação à quantidade de sócios
Boa audiência *on-line* no Facebook	

O âmbito externo mostra os eventos e fatos do mercado que podem ser aproveitados pela organização (oportunidades) ou que possam afetar negativamente a organização (ameaças). É importante ressaltar que aqui falamos sobre pontos que estão fora do controle da organização. Por exemplo, vamos supor que você fez uma pesquisa de preço com o seu público-alvo e a percepção é que o seu produto é caro. Preço você controla, mas a percepção de custo/benefício não. Você pode traçar ações para aumentar o "valor" do seu produto para reduzir a percepção de que ele é caro, porém, você não controla como o seu produto é percebido. E as ações ficam fora da SWOT. Inclusive, este é um erro comum, principalmente quando falamos de oportunidades. As pessoas começam a listar o que poderiam fazer, como criar um aplicativo ou realizar ações sociais. Na verdade, na SWOT, apenas vemos o que está acontecendo no mercado, para depois traçarmos estratégias e ações para aproveitar as oportunidades e mitigar ou acabar com as ameaças. Na SWOT você coloca, por exemplo, a ascensão da utilização de aplicativos e a importância que os consumidores dão às marcas engajadas socialmente e que também se preocupam com a sustentabilidade. Por último, usar o marketing digital não é uma oportunidade e sim uma estratégia; a oportunidade seria o fato de a internet ter uma penetração de 66% na população brasileira, o que corresponde a mais de 15 milhões de usuários ativos na internet, de acordo com o Hootsuite[1], dado divulgado em janeiro de 2018.

Clube Reivax

As oportunidades e ameaças do Clube Reivax estão listadas na tabela a seguir.

Oportunidades	Ameaças
Triton Yatchs, uma das maiores empresas de produção de iates, prevê crescimento de 15% em 2019.	Sazonalidade do serviço (pico entre novembro e fevereiro).
O mercado náutico brasileiro começou a apresentar sinais de melhora, animando empresários do setor já no segundo semestre de 2017.	Crise econômica.
O pessoal começa com um barco pequeno, gosta da brincadeira e troca por um modelo maior, diz o empresário Júlio Tedesco, proprietário da marina Itajaí.	Inadimplência em virtude da situação familiar na crise.
No mercado de luxo, as relações entre marcas e consumidores tendem a ser ainda mais profundas do que em outros segmentos.	Segundo a Marinha do Brasil, o número de lanchas do tipo esporte e recreio registradas em 2013 foi de 8.560, já em 2017 o número caiu para 4.292 (contabilizadas até o mês de outubro).

[1] Pesquisa *Global Digital Report 2018*, disponível em <https://digitalreport.wearesocial.com/>.

Oportunidades	Ameaças
Consolidação da sustentabilidade como uma das principais exigências dos consumidores. Não importa se o produto é um automóvel, um relógio ou mesmo o aluguel de uma residência, as questões sustentáveis já se tornaram uma prioridade no momento de decisão.	Um dado interessante é que, para cada embarcação registrada, 3,5 habilitações náuticas são tiradas. Em 2017 cerca de 50 mil habilitações de amadores foram emitidas pela Marinha do Brasil – número menor que em 2012, que foi de 104 mil habilitações para todas as categorias de amadores. Essa realidade se atribui à economia, mas também a outros fatores como a falta de segurança e de campanhas para trazer novos consumidores ao setor.
Diante dos conceitos de posse e experiência, a indústria do luxo depara com o desafio de manter a diferenciação e, ao mesmo tempo, oferecer uma proposta de valor que vá além do status.	Em janeiro de 2018, foram registrados 76 mil usuários diferentes procurando uma embarcação no site Bombarco. Desses, 68 mil usuários são novos. Ou seja, muitos procuram, mas poucos efetivam a compra.
Falta de segurança, que leva à procura de lugares mais seguros e fechados.	A taxa de desemprego mais que dobrou nos últimos dois anos, e o rendimento médio real do trabalhador caiu 18% no fim de 2017, para R$ 2.842. É o nono no país – um ano antes era o sexto, segundo o IBGE.
Pesquisa PWC – *Global Consumer Insights Survey 2018* – aponta que 49% dos entrevistados esperam melhoria no desempenho da economia. Outro dado que a pesquisa apontou foi que 50% dos entrevistados buscam experiências em vez de produtos. A pesquisa também aponta a busca por qualidade de vida e por aproveitar mais o tempo com amigos e familiares.	
Os maiores gastos dos brasileiros com lazer são comer e viajar.	
Os consumidores estão começando a percerber que o uso excessivo de celulares pode se tornar um vício e ser prejudicial à saúde. Diante dessa situação, há hotéis criando programas de *detox* digital e alguns canais sociais e aplicativos estão disponibilizando ferramentas para que seja possível monitorar o tempo gasto navegando por eles.	

2.4. Concorrentes

A análise dos concorrentes é importante para identificar como você se diferenciará no mercado, respondendo à pergunta do seu público-alvo do porquê comprar de você e não do outro, e é importante para obter inspiração do que fazer ou do que não fazer.

Uma ótima forma de identificar quem são seus concorrentes é perguntar aos seus clientes sobre as opções consideradas antes de decidirem comprar de você ou entender para quem você está perdendo negócios/clientes. Se você ainda não lançou sua marca no mercado, pode olhar as organizações que o seu público-alvo consome e que tem um produto similar ou igual ao seu.

Devidamente identificados, é importante selecionar os principais para realizar uma análise mais aprofundada, como os *top* 5 ou 10. Cada mercado tem a sua especificidade e você pode escolher avaliar pontos específicos e críticos para o seu negócio, mas praticamente para toda organização é importante analisar os seguintes oito pontos de cada concorrente:

- Tempo de atuação no mercado.
- Praça.
- Produtos/Serviços oferecidos.
- Preço.
- Público-alvo.
- Forças e fraquezas.
- Posicionamento.
- Ações de marketing.

DICA: há ferramentas que lhe ajudam a conhecer melhor o que o seu concorrente está fazendo, como a Built with (<https://builtwith.com/>), que é *on-line*, gratuita e simples de usar. Basta você informar o site que aparecem as ferramentas utilizadas. Como exemplo, utilizamos o site da Sephora. Para economizar seu tempo, já que a Sephora realiza várias ações, mostraremos apenas três resultados:

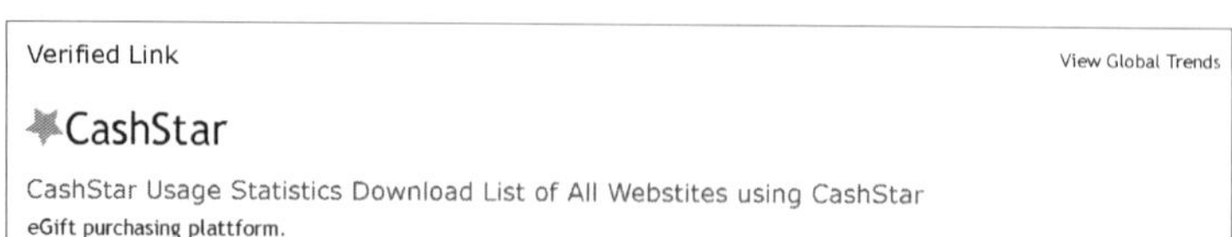

Figura 2.3 – Resultado indicando que a Sephora utiliza o CashStar

Ao ver que a Sephora tem o serviço da CashStar, sabemos que ela possui um programa de cartão presente.

Oracle Commerce

Oracle Commerce Usage Statistics Download List of All Websites using Oracle Commerce

Oracle Commerce is Oracle 's eCommerce Suite -previously known as ATG Commerce.

Enterprise

Figura 2.4 – Resultado indicando que a Sephora utiliza o *e-commerce* da Oracle

O fornecedor de *e-commerce* da Sephora, no momento de elaboração do livro, era a Oracle.

Certona

Certona Usage Statistics·Download List of All Websites using Certona

Certona Resonance turns hit or miss shopping interactions into personal and effective experiences by tailoring visits t the individual.

Product Recommendations

Figura 2.5 – Resultado indicando que a Sephora utiliza o Certona

O site da Sephora customiza a experiência do usuário em seu site de acordo com seu perfil comportamental utilizando a Certona.

Não é fácil ver as ferramentas que o seu concorrente usa? Você descobre vários segredinhos com o Built with e pode adotar ou até melhorar suas ações com base no que o outro está fazendo.

Para exemplificar, vamos falar de um concorrente do Clube Reivax, o Resalloc, que está no mercado há 25 anos, atua na mesma cidade e possui um preço mais acessível do que o Reivax. Tem piscina, parquinho infantil, academia, espaços com churrasqueiras, salões de festa, quadras esportivas e restaurantes. Oferece aulas de tênis, futebol, vôlei, pilates e dança. Possui dois públicos-alvo: aposentados da classe B/C e famílias da classe B/C. Seu posicionamento está atrelado ao preço e, por isso, se diz ser o clube com o melhor custo/benefício do mercado. Dentre suas fraquezas, podemos citar a falta de estacionamento e ter bem menos atividades do que o Clube Reivax. Já sua força é seu preço e atendimento de excelência. Para divulgar o clube, Resalloc utiliza seu blog, redes sociais, mídia paga on-line, outdoor, busdoor e anúncios no jornal local.

2.5. Público-alvo

Somos indivíduos complexos, com gostos, experiências e personalidades únicas. Então por que ainda vemos empresas que se dizem atender a todos? Nas palavras de Herbert Bayard Swope: "não sei o segredo do sucesso; mas o do fracasso é querer agradar a todos". Alguma segmentação tem que ser feita, seja por classe social, interesse, hábito etc.

E como você define o seu público-alvo? Dados, fatos, informação! Empresas que já estão no mercado podem olhar seus próprios relatórios, já empresas que estão começando podem fazer um chute de quem é seu público-alvo e, através de pesquisa, confirmar ou não a suposição.

Tendo informações, você conseguirá traçar um perfil, ou perfis, amplo de pessoas com características em comum que possam se interessar pelo seu produto, levando em consideração seu perfil geográfico, demográfico, comportamental e psicológico.

Clube Reivax

No caso do Clube REIVAX, que faz pesquisa anualmente com seus sócios, identificamos três perfis: donos de barco; famílias; e aposentados.

Donos de barco

Em sua maioria, são homens, entre 30 e 50 anos, da classe A/B de Glamorosa. Costumam ser profissionais liberais, médicos, juízes e desembargadores que veem o barco como parte de um hobby, uma terapia, um momento para relaxar.

Eles começam com uma embarcação pequena e vão aprendendo mais sobre como cuidar do barco, os tipos de embarcações, compram acessórios e vão, cada vez mais, aumentando o tamanho da embarcação e seu conhecimento náutico.

Família
Este público tem características similares aos donos de barco, estão na faixa etária entre 30 e 50 anos, da classe A/B de Glamorosa, mas não têm barco. São homens e mulheres que possuem filhos, praticam atividade física e possuem uma agenda atarefada; por isso, o momento de lazer é agendado e costuma ficar mais para o final de semana. Suas opções de lazer são comer, viajar e ir ao cinema, nessa ordem. Preferem gastar mais com experiências do que com produtos.

Aposentados
Os aposentados são da classe A/B/C de Glamorosa, estão com mais de 65 anos e os filhos já saíram de casa. Após anos trabalhando, eles veem que chegou o momento de curtir e que eles merecem aproveitar ao máximo com os amigos e com a família. Muitos ajudam os filhos cuidando dos netos em certos momentos. Eles estão inseridos no meio digital, amam realizar atividades em grupo e prezam um atendimento diferenciado e atencioso.

2.6. *Buyer persona*

Uma forma de humanizar a comunicação da marca e facilitar a criação de conteúdo é por meio da criação de personas. Fica mais fácil escrever para Pedro, que é médico e tem 35 anos do que para homens entre 30 e 50 anos etc.

E o que exatamente é uma persona? É um perfil específico semifictício, baseado em dados reais sobre comportamento e características dos clientes, que representa o cliente ideal de uma empresa.

No exemplo do Clube Reivax, temos três personas, cada uma representando um público-alvo.

Pedro

Pedro é médico, tem 35 anos, morador de Glamorosa. Ele entrou na medicina para ajudar as pessoas, mas algumas vezes a responsabilidade de cuidar de uma vida o afeta e ele só quer fugir por um tempo e esquecer do mundo. Ele encontrou nas atividades náuticas um hobby para relaxar e se distrair. Isso o levou a comprar uma lancha. Ele começou com uma embarcação pequena, participando de boat shows, de fóruns on-line para troca de conhecimento e lendo revistas on-line e impressas sobre os barcos. Antes de escolher sua embarcação, fez uma pesquisa minuciosa e ouviu indicações de fornecedores para escolha do barco e de onde guardá-lo, pois teria que ser um espaço seguro, tranquilo, de fácil acesso e com toda a infraestrutura necessária para a manutenção do barco. O Clube Reivax oferece tudo isso e também outras atividades, assim o Pedro pode cuidar do seu barco e aproveitar sozinho, com família e/ou amigos a piscina, o cinema, o happy hour às sextas etc. O Clube Reivax é a segunda casa do Pedro.

Juliana

Juliana tem 42 anos e é advogada, casada com o Eduardo, mãe da Maria Clara, de 4 anos, e do Paulo, de 15 anos, do seu primeiro casamento. A família mora em Glamorosa, e cada um gosta de fazer uma coisa diferente. Eduardo joga tênis às segundas e quartas, Maria Clara faz natação nesses mesmos dias, o Paulo começou a malhar diariamente e a Juliana faz pilates às terças e quintas. Mesmo dividindo as tarefas de casa e dos filhos com o Eduardo, a rotina da Juliana é intensa, mas ela fica aliviada de ter tudo em um só lugar: Clube Reivax. Ele oferece toda a segurança necessária para o lazer da sua família e ainda tem o parquinho e os amiguinhos da Maria Clara. No final de semana, a família aproveita para passar o dia juntos na piscina e/ou assistindo a um filme no cinema. A família cria ótimos momentos juntos no Clube Reivax, que é como se fosse a sua segunda casa.

João

João é um contador recém aposentado, de 66 anos, morador de Glamorosa. Trabalhou muito a sua vida toda, deu uma boa formação para seus filhos, Carlos, Joana e Junior, e agora só quer saber de aproveitar a vida ao lado de Conceição, sua esposa, de sua família e de seus amigos. João se reúne quase todo dia, no Clube Reivax, com seus amigos para confraternizar, curtir a piscina e jogar conversa fora. Mas só porque João não está trabalhando não quer dizer que ele não tenha responsabilidades. Ele e Conceição ajudam seus filhos cuidando dos netos sempre que necessário. Ele ama todos os seus netos igualmente, mas o seu chamego é a Sofia, a mais nova integrante da família, de 2 anos. Duas vezes na semana, ele a leva para o parquinho. Ela ama e aguarda ansiosamente os avós a buscarem. Já no final de semana, João reúne a família no clube para almoçarem juntos e aproveitarem o dia. Outra responsabilidade de João é com a sua saúde: ele pratica atividade física todo dia no clube e, para ele, o Clube Reivax é sua segunda casa.

2.7. Jornada de compra do consumidor

Enquanto a persona o ajudará a entender a relação do seu público-alvo com a sua marca e produto/serviço, a jornada de compra mostrará as etapas que o consumidor passa até decidir comprar/contratar seu produto/serviço. Essa jornada depende muito da complexidade, do valor e do produto/serviço que você oferece. Uma pessoa leva mais tempo para decidir comprar uma casa do que para comprar um chocolate, por exemplo. Mas, basicamente, elas passam pelos mesmos quatro estágios da Figura 2.6.

Figura 2.6 – Os estágios da jornada de compra do consumidor

2.7.1. Aprendizado e descoberta

Pessoas compram por alguma necessidade, seja ela fisiológica, psicológica, social ou comportamental. Por isso, a jornada de compra começa com o surgimento de uma necessidade, que ainda não tem forma ou solução, e é algum interesse ou problema que desperta e faz a pessoa buscar entender aquilo.

> *No caso do clube, identificamos as seguintes necessidades em cada persona:*
>
> *Pedro: fugir da rotina, se distrair e relaxar.*
>
> *Juliana: comodidade, segurança e aproveitar momentos em família.*
>
> *João: aproveitar a vida com a família e amigos.*

2.7.2. Reconhecimento do problema

Depois de surgir e entender a necessidade, o consumidor passa a saber o que ele precisa.

> *No caso do Clube Reivax:*
>
> *Pedro: começar um hobby e selecionar o melhor local para desenvolvê-lo.*
>
> *Juliana: encontrar um local que ofereça diversas atividades em um só lugar com toda a segurança necessária para ela e sua família.*
>
> *João: encontrar um local para curtir com a família e amigos.*

Tão importante quanto identificar o que o consumidor precisa é entender suas ações, pois assim você conseguirá traçar estratégias para estar presente em toda a jornada de compra do consumidor. Assim, a probabilidade de fechar a venda é maior, pois você terá ajudado o seu cliente a fazer a melhor escolha para ele, criando um relacionamento entre as partes.

Clube Reivax

Quais as ações das personas do clube Reivax?

Pedro: pesquisa na internet, conversa com amigos (indicação), entra em sites náuticos especializados, questiona fornecedores de barco sobre opções para guardar barco.

Juliana: pesquisa na internet, olha as redes sociais, conversa com amigos (indicação).

João: conversa com amigos (indicação), conversa com associações, pesquisa na internet, pesquisa em jornais e revistas.

2.7.3. Consideração da solução

Após pesquisar, o consumidor começa a mapear e avaliar as soluções possíveis para ele.

Clube Reivax

No caso do Clube Reivax:

Pedro: passa a conhecer vários clubes com a possibilidade de guardar o barco e mantê-lo em segurança, oferecendo um fácil acesso para ele.

Juliana: passa a conhecer vários espaços que oferecem uma boa infraestrutura, segurança e uma gama de atividades.

João: passa a conhecer vários espaços que oferecem atividades em grupo ou possibilidade de realizar atividades em grupo.

Ações:

Pedro: busca indicação do fornecedor de barco, conversa com alguém da comunidade náutica, pesquisa na internet, visita os locais para conhecer, conversa com os funcionários do clube e sócios.

Juliana: busca indicação de amigos e familiares, busca nas redes sociais, pesquisa na internet, visita os locais para conhecer, conversa com funcionários, vê depoimentos de sócios.

João: busca indicação de amigos e familiares, pesquisa na internet, visita os locais para conhecer, conversa com funcionários.

2.7.4. Decisão de compra

Conhecendo suas opções, o consumidor começa a avaliar os diferenciais de cada uma. Nesta etapa, é importante conhecer os requisitos de avaliação de cada persona, pois serão decisivos para a compra.

Clube Reivax

No caso do Clube Reivax:

Pedro: boa infraestrutura do clube para guardar e realizar a manutenção do barco, bom atendimento rápido e direto, segurança, serviços disponíveis, localização.

Juliana: variedade das atividades, boa infraestrutura, segurança, localização, valor, bom atendimento rápido e direto.

João: boa infraestrutura, valor, atendimento atencioso e personalizado, localização, quais amigos são sócios e como funciona levar convidados.

A maior parte das empresas trabalha a etapa de consideração da solução e decisão da compra, porém, estas são apenas a metade da jornada de compra. Estando presente em todas as etapas, desde o início da necessidade do cliente, você cria um relacionamento com o seu potencial consumidor e maximiza a chance de ser a marca escolhida por ele.

2.8. Estratégias

Agora que você conhece suas forças e fraquezas e sabe quem são os seus concorrentes, o que fazem e como fazem, é possível ver o diferencial da sua empresa, ou seja, o que a difere da concorrência e a torna a escolha natural de seus consumidores. Também sabe como entregar valor para o seu público-alvo, pois conhece seus hábitos, desafios, gostos, o que buscam e o que valorizam. Então, chegou a hora de criar a estratégia que divulgará o seu diferencial competitivo e que o ajudará a atingir os seus objetivos corporativos, estando alinhada com o rumo que o mercado está caminhando.

Muitas pessoas confundem estratégia com a parte tática, inclusive com canais. Facebook, por exemplo, não é estratégia e sim um canal, uma forma de colocar em prática a sua estratégia, a qual pode ser, por exemplo, se fazer presente em toda a jornada do consumidor, oferecer informações úteis sobre seu produto e criar uma fidelização de seus clientes.

Afinal, o que são estratégias?

Gostamos da definição da Tuka Roberta Rossatti: "são os principais direcionamentos que a sua empresa deve ter para atingir seus objetivos".

Voltando ao nosso exemplo do Clube Reivax, seguem as estratégias traçadas, de acordo com o público-alvo:

– Donos de barcos: criar uma comunidade, fazê-los se sentir parte de um grupo seleto, criando conexões entre os sócios e estimulando o hobby.

– Família: ações para aumentar a frequência de ida ao clube, criando um elo afetivo para o clube estar sendo sempre lembrado, atrelado a um espaço de diversão e carinho, e incentivando a que os próprios sócios realizem a divulgação do clube, afinal a indicação é mais poderosa que a propaganda.

– Aposentados: a estratégia é fazer com que eles se sintam valorizados por meio de um excelente atendimento. Vamos também criar uma comunidade, incentivando a utilização do clube com a família e/ou amigos, com o desconto na joia para o ingresso de grupos.

Outras estratégias foram traçadas para o clube:

– Pensando nos locatários de espaço, a estratégia é oferecer uma experiência positiva no clube, descontos em outros serviços (como nas aulas) e parceria com cerimonialistas para incentivar a indicação do espaço do clube para seus clientes e outros colegas da área.

– Visando qualificar e engajar os funcionários, visto que esta é uma fraqueza do clube, a estratégia é aplicar treinamentos para desenvolvê-los e incentivar o senso de pertencimento ao clube, sorteando ingressos para eventos, incentivando a participação de seus dependentes nos eventos gratuitos do clube (dia das crianças, Papai Noel etc.) e criando um elo afetivo com o clube.

– Finalmente, a última estratégia é realizar parcerias para oferecer mais serviços e benefícios aos sócios.

2.9. Táticas

Enquanto pensamos na estratégia como sendo "o que fazer", as táticas são o "como fazer", ou seja, a parte tática consiste na definição das ações que colocam em prática as estratégias.

Vamos olhar algumas ações táticas do nosso caso exemplo Clube Reivax:

– Para os donos de barcos, criar grupo no WhatsApp e eventos trimestrais para troca de conhecimento e relacionamento.

– Para o público família, implementar o espaço wi-fi e construir um relacionamento afetivo com as mães desde o início da maternidade, através da parceria com o Cinematerna, uma ONG que realiza sessões de cinema para mães e seus bebês de até 18 meses.

– Também para o público família, criar eventos em datas comemorativas e, nesses eventos, incluir um painel para as pessoas tirarem foto. Para encorajar as postagens, os parceiros sortearão prêmios entre aqueles que divulgarem nas redes sociais.

– Para os aposentados, melhorar o atendimento do clube por meio de treinamento, realizar eventos e implementar a prática de descontos para aposentados que virarem sócios em grupo.

– Contratar uma agência de marketing digital para cuidar do SEO (Search Engine Optimization), inbound marketing, mídia paga, gestão das redes sociais, e-mail marketing e comunicação do clube.

– Contratar um assessor de vendas para focar na prospecção de clientes e parceiros.

– Realizar melhorias no website, atualizando-o, otimizando-o para os buscadores (SEO) e aumentando a pluralidade de canais de atendimento.

– Realizar treinamento dos colaboradores, pois vimos que é uma fraqueza do clube.

– Recadastrar os sócios para se certificar de que as informações disponíveis no sistema estejam atualizadas.

– Elaborar os kits dos sócios e clientes.

– Criar campanhas para captação de sócios.

2.10. A proposta de projeto para implementação do plano estratégico de marketing

2.10.1. A importância da proposta de projeto

A proposta de projeto é o instrumento de "venda" da implementação do plano estratégico de marketing. Para elaborar a proposta de um projeto é necessário realizar um planejamento preliminar, visando descrever o escopo, estimar a duração e o custo, levando em consideração os principais riscos e as necessidades de contratações, demonstrando a sua viabilidade em razão do retorno do investimento. O objetivo é fornecer ao nível executivo as informações necessárias para a correta tomada de decisão quanto à sua aprovação.

O nível de detalhe desse planejamento dependerá do prazo e do esforço que poderá ser despendido para a elaboração da proposta, assim como da necessidade de exatidão das estimativas de prazo e custo.

Uma proposta de projeto deve ser elaborada de modo a demonstrar que ela é adequada, exequível e viável.

- **Adequabilidade:** se o projeto proposto está alinhado com a estratégia da organização, trazendo a solução para um problema ou o aproveitamento de uma oportunidade, e se os benefícios esperados são adequados.
- **Exequibilidade:** se o projeto é possível, realizável ou executável, tanto em relação à parte técnica como em relação aos recursos disponíveis.
- **Viabilidade:** se compensa o seu desenvolvimento, em face dos recursos humanos, materiais e financeiros necessários para empreender o projeto, e dos resultados e benefícios esperados.

2.10.2. A concepção do projeto com um modelo *canvas*

Usar um *Canvas* (quadro) é uma forma bem interessante de representar um projeto em uma só página. Ele deve ser preenchido de forma colaborativa por pessoas que possam contribuir para uma boa concepção do projeto.

O modelo busca responder às perguntas fundamentais (Por quê? Para quê? O quê? Quem? Como? Quando? Quanto?), assim como outras questões necessárias a uma boa concepção do projeto. Na Figura 2.7 pode ser visualizado o modelo Project Canvas Methodware®.

É importante que a discussão inicie pelo "por quê" e "para quê", e não pela definição do escopo ("o quê"), como é muito comum acontecer. Enquanto a justificativa está relacionada ao passado, os objetivos/benefícios estão relacionados ao futuro que se pretende alcançar. O escopo é "o quê" deve ser feito para que possamos chegar ao futuro pretendido.

Figura 2.7 – O modelo Project Canvas Methodware®

Justificativa (por quê?)

A justificativa é a razão pela qual o cliente demandou o projeto. Descreve a oportunidade ou o problema existente, contemplando, quando for o caso, o histórico correspondente.

> *No Clube Reivax, o problema foi a redução da receita em função da evasão de 20% dos sócios no último ano.*

Objetivo(s) (para quê?)

O objetivo/benefício é a contribuição ou auxílio que o projeto visa trazer para a organização, em especial em relação à solução do problema ou para o aproveitamento da oportunidade. Deve, sempre que possível, ser SMART:

- *Specific* (específico – estar claro)
- *Measurable* (mensurável)
- *Achievable* (alcançável)
- *Realistic* (realista para os recursos disponíveis)
- *Time limited* (delimitado no tempo)

> *No Clube Reivax, os objetivos são, nos próximos 12 meses: reter 95% dos sócios atuais; captar 200 novos sócios; e aumentar em 20% a receita com a locação de espaços.*

Escopo (o quê?)

O escopo do projeto é o conjunto de produtos e serviços que devem ser desenvolvidos e entregues para que possam ser alcançados os benefícios do projeto.

> *No Clube Reivax, o escopo do projeto será: atualização do website, recadastramento dos sócios, formatação do marketing digital, campanhas de captação de sócios, realização de eventos, treinamento de colaboradores, kits de boas-vindas e prospecção de clientes e parceiros.*

Escopo não incluído

Deixar claro o que o projeto não vai fazer ajuda a limitar o trabalho que será realizado e evita expectativas que não serão atendidas.

> *No Clube Reivax, não fará parte do escopo do projeto o mapeamento dos processos de marketing.*

Estratégia de condução (como?)

Neste momento devemos definir a estratégia para a geração do escopo do projeto.

> *No Clube Reivax, teremos como estratégia: contratar empresa de marketing digital e assessor de vendas; e realizar as ações de marketing em sprints de um mês.*

Stakeholders (com quem?)

Os envolvidos são as pessoas, os grupos de pessoas e as organizações que estão ativamente envolvidos ou interessados no projeto ou, então, cujos interesses possam ser afetados de forma positiva ou negativa como resultado da execução ou conclusão do projeto. Eles podem também exercer influência sobre o projeto e seus resultados.

> *No Clube Reivax, os stakeholders são: colaboradores, sócios, parceiros, comunidade, clientes de locação de espaço, alunos e presidente do clube.*

Comunicação

Estatísticas mostram que o principal problema em projetos é a comunicação, responsável também por gerenciar as expectativas dos *stakeholders*. Por isso, temos que definir quais comunicações faremos ao longo do projeto.

> *No Clube Reivax, teremos: reunião de kick-off; newsletter com notícias do projeto; relatórios semanais do desempenho do projeto; e reuniões mensais de acompanhamento.*

Restrições (imposições)

As restrições são fatores que limitam as opções da equipe de gerenciamento do projeto.

Clube Reivax

No Clube Reivax, temos as seguintes restrições: o projeto deve ser concluído em 12 meses; e os treinamentos deverão ser realizados durante o expediente.

Premissas (hipóteses)

As premissas são hipóteses assumidas para efeito de concepção do projeto. Como temos incertezas em relação ao que assumimos, as premissas são fontes para identificação de riscos.

Clube Reivax

No Clube Reivax, temos as seguintes hipóteses: o presidente do clube será reeleito; e haverá melhora da economia (PIB do Brasil aumentará em 3%).

Risco

O risco é um evento incerto que, se ocorrer, impactará os objetivos do projeto de forma positiva (oportunidade) ou negativa (ameaça). Existem riscos do projeto em si e riscos do negócio, que podem impactar os objetivos estabelecidos para o projeto. A matriz SWOT e as premissas são fontes primárias para identificação dos riscos do projeto. Neste momento não vamos listar todos os riscos, mas apenas aqueles mais relevantes apontados pelos que estão participando da elaboração do *canvas*.

Clube Reivax

No Clube Reivax, temos os seguintes riscos principais: o presidente do clube não ser reeleito (ameaça); o Produto Interno Bruto (PIB) brasileiro ter uma performance abaixo de 3% (ameaça); o PIB ter uma performance acima de 3% (oportunidade); impacto negativo na marca devido a incidente no clube (ameaça); surgimento de novas tecnologias de marketing digital (oportunidade); e surgimento de um novo clube na cidade (ameaça).

Cronograma macro

O cronograma macro do projeto nada mais é do que as fases colocadas em uma linha de tempo.

Clube Reivax

No Clube Reivax, teremos o seguinte cronograma macro, lembrando que a linha do tempo é para 12 meses:

	Cronograma	M1	M2	M3	M4	M5	M6	M7	M8	M9	M10	M11	M12
1.1	Gerenciamento do projeto												
1.2	Contratações												
1.3	Ações de marketing												
1.4	Encerramento do projeto												

Orçamento macro

O orçamento macro do projeto é o somatório dos custos estimados das fases do projeto. Caso queiramos ter um orçamento mais acurado do projeto, é necessário fazer um detalhamento maior das fases, definindo quanto custará cada produto e serviço previstos no escopo, o que é chamado de estimativa *bottom-up*, tal como na Figura 2.8.

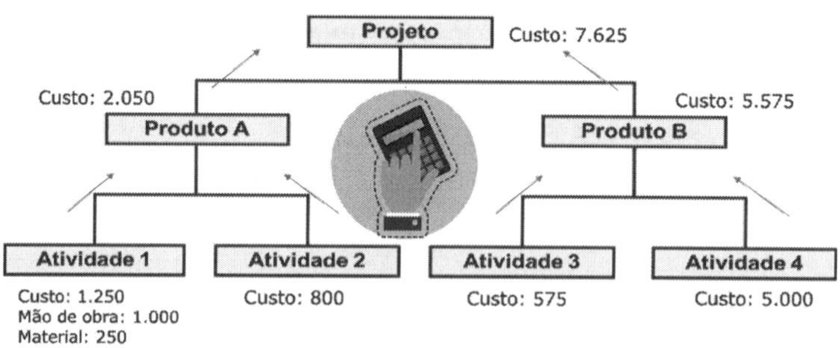

Figura 2.8 – Orçamento de um projeto com a estimativa *bottom-up*

Clube Reivax

No Clube Reivax, ao detalharmos os produtos e serviços de cada fase, teríamos o orçamento a seguir. No Capítulo 3 veremos como fazer esse detalhamento, elaborando a Estrutura Analítica do Projeto (EAP).

		Custo
1.1	Gerenciamento do projeto	R$ -
1.2	Contratações	R$ 60.000,00
1.3	Ações de marketing	R$ 91.000,00
1.4	Encerramento do projeto	R$ -
	Reserva	R$ 9.000,00
	Total	R$ 160.000,00

Com este item, concluímos o entendimento do preenchimento do Project Canvas Methodware®. Outros detalhes acerca do modelo, assim como o *download* do modelo em PDF, podem ser obtidos em <https://beware.com.br/academia/artigos/projectcanvas/>.

> *Na Figura 2.9 podemos verificar como ficou o Canvas do Projeto de Implementação do plano de marketing do Clube Reivax.*

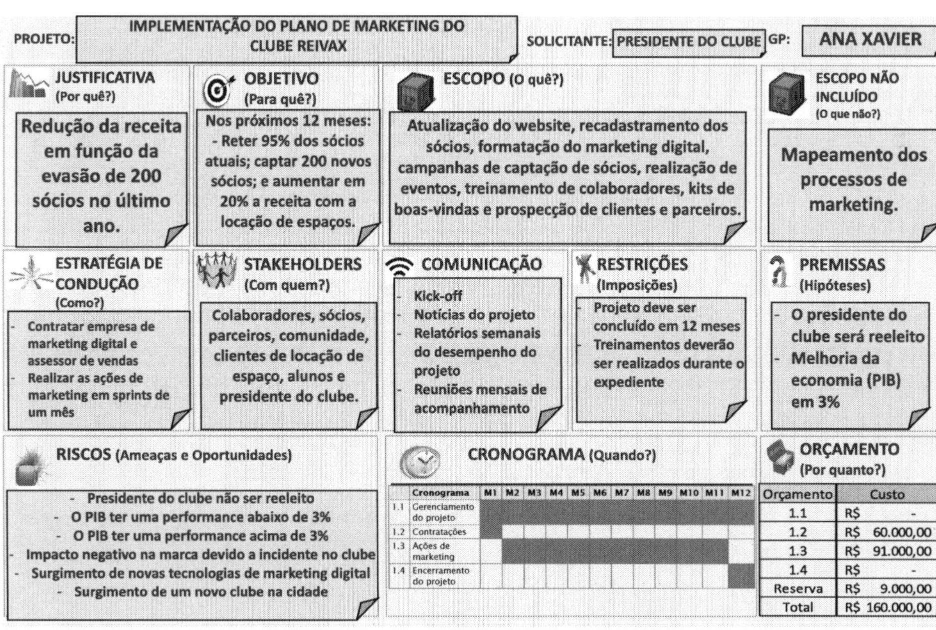

PROJECT CANVAS METHODWARE®

Figura 2.9 – Project Canvas do projeto de implementação do plano de marketing do Clube Reivax

2.10.3. A viabilidade econômica do projeto

Para ser viável economicamente, o retorno do investimento deve compensar os recursos que serão gastos pelo projeto. Os quatro indicadores de viabilidade mais utilizados são: Valor Presente Líquido (VPL); Taxa Interna de Retorno (IRR); Índice de Lucratividade (IL); e *Payback* Descontado (PBD).

Clube Reivax

No projeto do Clube Reivax, como são hoje mil sócios, a mensalidade é de R$ 300,00 e a receita média atual com aluguel de espaços é de R$ 10.000,00, a tabela a seguir mostra qual é o retorno mensal esperado do projeto.

Objetivos	Quantidade	Valor	Retorno mensal
Reter 95% dos sócios atuais (perda máxima de 50 sócios)	50	-R$ 300,00	-R$ 15.000,00
Captar 200 novos sócios	200	R$ 300,00	R$ 60.000,00
Aumentar em 20% a receita com a locação de espaços	20%	R$ 10.000,00	R$ 2.000,00
Retorno mensal			R$ 47.000,00

Como o custo estimado do projeto é de R$ 160.000,00, o retorno do investimento se dará em pouco mais de três meses.

2.10.4. A redação da proposta

Muitas organizações possuem modelos padronizados para a elaboração de propostas de projetos. Caso não tenha, você pode usar o *template* que consta do apêndice B.2. Você perceberá que grande parte das informações necessárias para o preenchimento da proposta consta do *Project Canvas*.

Clube Reivax

No item A.3 do Apêndice A podemos verificar a proposta do projeto de implementação do plano de marketing do Clube Reivax.

Se a proposta for aprovada, o início do projeto deve ser formalmente autorizado, o que veremos no próximo capítulo.

3. Os Processos da Metodologia Basic Methodware® Aplicados aos Projetos de Marketing

Este capítulo apresenta os processos da metodologia Basic Methodware® aplicados aos projetos de marketing.

3.1. Projeto exemplo

Clube Reivax

Conforme já citado no Capítulo 2, para exemplificar o conteúdo contemplado neste livro, estamos adotando o estudo de caso do Clube Reivax (fictício), que está em operação há mais de 30 anos em Glamorosa (cidade fictícia). O clube contempla atividades náuticas, sociais e esportivas, em um espaço de mais de 60 mil m², estando hoje com mil sócios. A infraestrutura do clube é excelente, com píer para estacionamento de barcos, estacionamento para carros e motos, piscina, parquinho infantil, cinema, academia, salão de beleza, espaços com churrasqueiras, salões de festa, quadras esportivas e restaurantes. Aulas de tênis, vela, canoagem, futebol, vôlei, pilates e dança também são oferecidas pelo clube através de parcerias. Porém, em razão da crise econômica, o clube perdeu 200 sócios no último ano, tendo reduzido também a receita com a locação de espaços. Por isso, necessita realinhar suas ações de marketing contemplando três objetivos principais nos próximos 12 meses: reter 95% dos sócios atuais; captar 200 novos sócios; e aumentar em 20% a receita com a locação de espaços, que é hoje de R$ 10.000,00 mensais.

A Figura 3.1 representa os processos que serão seguidos da Metodologia Basic Methodware®.

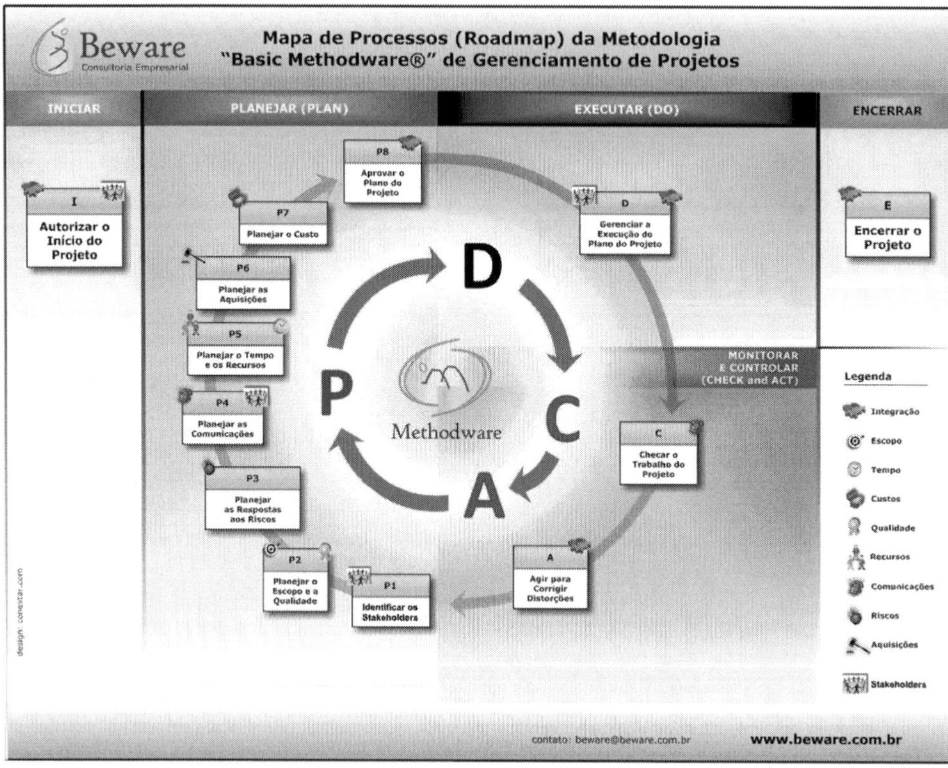

Figura 3.1 – O mapa de processos da metodologia Basic Methodware®

3.2. Iniciar o projeto

1 – Autorizar o início do projeto

Verificamos no dia a dia que diversas ideias nas organizações sucumbem antes mesmo de virarem projetos. O objetivo de formalizar o início de um projeto é definir alguns parâmetros que servirão de base para desenvolvê-lo. Além disso, se o projeto não tem um "responsável", corre-se o risco de duplicidade ou ausência de comando e, consequentemente, grandes transtornos esperados em sua condução.

Esta metodologia é focada no gerenciamento de um projeto, não discutindo os critérios para seleção e priorização de um projeto em detrimento de outros. Consideramos que, uma vez decidido que o projeto deve ser iniciado, devemos comunicar essa decisão internamente. Essa comunicação deve ser feita pelo patrocinador (padrinho) do projeto. Muitas vezes as empresas usam um documento que pode ser denominado de Termo de Abertura do Projeto (*Project Charter*), onde a organização formaliza a existência do projeto designando seu gerente do projeto e autorizando-o a utilizar recursos humanos, materiais e financeiros na sua execução. Essa autorização pode ser feita por esse termo de abertura, cujo modelo está disponível no item B.2, do Apêndice B, ou até mesmo por uma mensagem de correio eletrônico. Mais importante do que a forma ou o nome do documento é a sua funcionalidade. Nesta metodologia, como o intuito é de simplificação, vamos considerar apropriada uma mensagem eletrônica como a autorização para o início de um projeto, a ser enviada pelo patrocinador para o gerente do projeto com cópia para outros interessados, como, por exemplo, o superior imediato do gerente, caso este não seja o emissor da mensagem, e as áreas envolvidas no projeto.

Vale a pena colocar nessa mensagem, pelo menos, os seguintes tópicos:

1. Justificativa

Descrição da necessidade ou do problema existente (por quê?), com o histórico e, eventualmente, o público-alvo dos benefícios do projeto (para quem?). Sempre que possível, citar números que embasem a necessidade do projeto. Está relacionada ao passado.

2. Objetivos/metas

Descrição da contribuição ou auxílio que o projeto visa trazer para a solução do problema, ou benefícios que o projeto visa gerar (para quê?). O ideal é quantificarmos os objetivos, o que chamamos de "metas". Sempre que possível, deve ser específico, mensurável, alcançável, realista e delimitado no tempo (SMART). Está relacionado ao futuro. O sucesso de um projeto está associado ao alcance dos seus objetivos.

3. Escopo do projeto

Que produtos e serviços são esperados (o quê?) e onde será realizada a execução do projeto. Neste momento da autorização, a descrição do escopo é resumida, pois fará parte do planejamento do projeto o detalhamento do escopo. Ressaltar de forma clara e objetiva que produtos e serviços NÃO farão parte do escopo do projeto.

4. Gerente do projeto e nível de autoridade

Identifica o gerente do projeto (também podemos usar "líder" ou "coordenador") e, eventualmente, estabelece seus poderes e limitações de autoridade.

5. Restrições

Identifica os limites orçamentários e de prazo que o gerente do projeto deve considerar no planejamento do projeto, caso existam, e outras limitações impostas à forma como o projeto será gerenciado.

6. Premissas

São as hipóteses que devem ser assumidas para efeito de planejamento.

7. Estimativa de tempo e custo

Grupos de entregas/ Ciclo de vida	Linha do tempo	Custo

Você deve ter percebido que as informações anteriores podem ser obtidas do *Project Canvas* descrito em 2.10.2. Dessa forma, caso esse modelo não tenha sido elaborado no momento da proposta, ele pode ser elaborado na iniciação do projeto, de forma a permitir a emissão do termo de abertura ou da mensagem de autorização do início do projeto.

O emissor da mensagem não deve ser o próprio gerente do projeto, pois não seria uma boa prática ter algo como "eu me designo gerente do projeto". O fato de ter um patrocinador (*sponsor*, padrinho), com um alto nível hierárquico, dá mais importância para o projeto na empresa e o gerente do projeto sabe a quem se dirigir em caso de decisões fora de sua alçada.

O texto a seguir exemplifica uma mensagem eletrônica de autorização do início do projeto exemplo.

PROJETO EXEMPLO
MENSAGEM DE AUTORIZAÇÃO DE INÍCIO DO PROJETO

De: Carlos Magno Xavier (Presidente do clube)

Para: Ana Luiza Collares Xavier (Gerente do Projeto)

CC: Roberto Carlos (Chefe da Secretaria do clube), Aline Peixoto (Diretora Social), Jorge Tadeu (Gerente de TI).

Assunto: Autorização para início do projeto "**IMPLEMENTAÇÃO DO PLANO DE MARKETING DO CLUBE REIVAX**".

Justificativa

Em razão da crise econômica, o clube perdeu 200 sócios no último ano, tendo reduzido também a receita com a locação de espaços, que é hoje de R$ 10.000,00 mensais.

Objetivos

Realinhar suas ações de marketing contemplando três objetivos principais nos próximos 12 meses: reter 95% dos sócios atuais; captar 200 novos sócios; e aumentar em 20% a receita com a locação de espaços.

Escopo

Este projeto tem como escopo: atualização do website; formatação do marketing digital; recadastramento dos sócios; campanhas de captação de sócios; realização de eventos temáticos e em dias festivos; criação de grupos no WhatsApp; criação de espaço *wi-fi* para acesso gratuito à internet; criação de painel com fotos; melhoria do atendimento aos sócios e locatários, com treinamento de colaboradores e entrega de kits de boas-vindas; e prospecção de clientes e parceiros.

Gerente do projeto e nível de autoridade

A Sra. Ana Luiza Collares Xavier é a gerente do projeto e tem nível de autoridade total na execução do projeto, mas limitado quando se refere à utilização de valor maior que o orçamento.

Restrições

O projeto deve ser concluído em 12 meses; e os treinamentos deverão ser realizados durante o expediente.

Premissas

O presidente do clube será reeleito e haverá melhora da economia (PIB do Brasil aumentará cerca de 3%).

Estimativa de tempo e custo

		Custo	M1	M2	M3	M4	M5	M6	M7	M8	M9	M10	M11	M12
1.1	Gerenciamento do projeto	R$ -												
1.2	Contratações	R$ 60.000,00												
1.3	Ações de marketing													
1.3.1	Marketing	R$ 5.000,00												
1.3.2	Relacionamento com o sócio	R$ 26.000,00												
1.3.3	Campanhas e eventos	R$ 50.000,00												
1.3.4	Prospecção	R$ 10.000,00												
1.4	Encerramento do projeto	R$ -												
	Reserva	R$ 9.000,00												
	Total	R$ 160.000,00												

Utilizando a metodologia:

Se você já tem um projeto para iniciar, prepare agora a mensagem de autorização de início do projeto ou um Termo de Abertura do Projeto e solicite ao patrocinador para divulgá-la na organização, tendo como destinatários os setores envolvidos/interessados. Também podem ser utilizadas outras formas de divulgação do início do projeto: intranet; *newsletter* etc.

Agora que o projeto já foi autorizado, você já pode começar a elaborar o seu planejamento. Embora os processos de planejamento estejam descritos em uma sequência, na prática temos idas e vindas nesses processos, até que o plano do projeto esteja concluído. Nesta metodologia, o planejamento será consolidado em um "Plano do Projeto". O modelo desse plano pode ser encontrado no item B.2 do Apêndice B.

3.3. Planejar o projeto

P1 – Identificar os *stakeholders* (envolvidos)

Um dos fatores críticos do sucesso em projetos é o comprometimento dos principais envolvidos (*stakeholders*) com o projeto. Ninguém compromete ninguém, o que fazemos é criar as condições para que as pessoas se sintam comprometidas. Além de entender suas necessidades e expectativas, devemos gerenciá-las a fim de assegurar um projeto bem-sucedido.

O primeiro passo no planejamento consiste, portanto, em identificar quais são esses envolvidos no projeto. Com isso, poderemos trazê-los para participar do planejamento e criar uma comunicação que os mantenham alinhados e motivados durante todo o projeto.

Os envolvidos são as pessoas, os grupos de pessoas e as organizações que estão ativamente envolvidos ou interessados no projeto ou, então, cujos interesses possam ser afetados de forma positiva ou negativa como resultado da execução ou conclusão do projeto. Eles podem também exercer influência sobre o projeto e seus resultados.

Os envolvidos principais são:

Gerente do Projeto	Pessoa responsável pelo gerenciamento do projeto
Cliente	Pessoa ou organização que solicitou ou contratou o produto ou serviço do projeto
Membros da equipe	Pessoas que compõem a equipe do projeto
Representantes de áreas da organização executora	Pessoas de áreas da empresa em que o projeto está sendo executado
Patrocinador (*sponsor*)	Pessoa ou grupo, dentro ou fora da organização executora, que provê recursos financeiros e/ou apoio institucional para a execução do projeto
Usuário	Pessoa ou organização que irá utilizar o produto ou serviço do projeto
Fornecedores	Organizações que irão fornecer produtos ou serviços para o projeto

Um exemplo do universo de possíveis envolvidos (partes interessadas) de um projeto, retirado do livro "Metodologia de Gerenciamento de Projetos – Methodware®" (XAVIER et al, 2014) é mostrado na Figura 3.2.

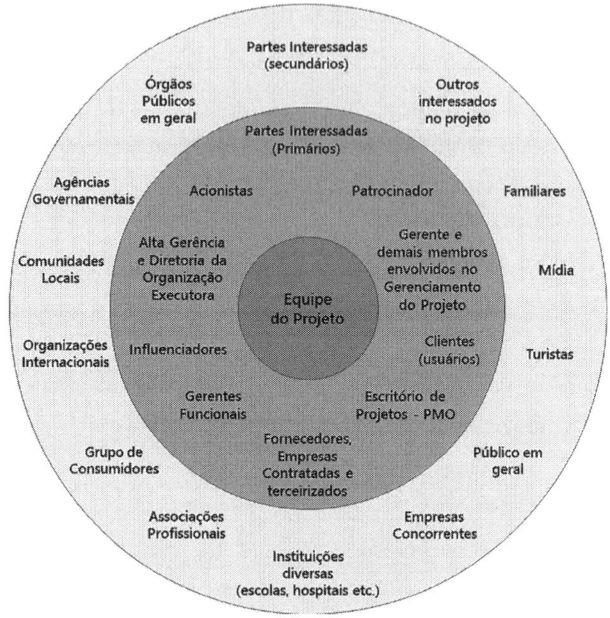

Figura 3.2 – Os envolvidos do projeto

A tabela a seguir apresenta a relação dos envolvidos para o projeto exemplo.

RELAÇÃO DOS ENVOLVIDOS NO PROJETO				
ID	**Nome**	**Organização/ Cargo**	**Telefone/E-mail**	**Envolvimento**
1	Ana Luiza Collares Xavier	Assessora de marketing do Clube	21 3603-0202 r. 21/ mkt@reivax.org.br	Gerente do projeto
2	Roberto Carlos	Chefe da secretaria do clube	21 3603-0202 sec@reivax.org.br	Equipe
3	Carlos Magno Xavier	Presidente do clube	21 3603-0202 r. 23 presidente@reivax.org.br	Patrocinador e cliente do projeto
4	Aline Peixoto	Diretora Social	21 3603-0202 r. 25 social@reivax.org.br	Equipe
5	Ingrid Amarante	Professora	21 3603-0202 r.26 ingrida@reivax.org.br	Cliente dos serviços
6	Almerindo Leal	Professor	21 3603-0202 r. 30 almerindol@reivax.org.br	Cliente dos serviços
7		Agência de marketing		Parceira

RELAÇÃO DOS ENVOLVIDOS NO PROJETO				
ID	**Nome**	**Organização/ Cargo**	**Telefone/E-mail**	**Envolvimento**
8	Jorge Tadeu	Gerente de TI	21 3603-0202 r. 40 ti@reivax.org.br	Equipe
9		Alunos do clube		Clientes dos serviços
10		Sócios do clube		Clientes dos serviços
11		Locatários de espaços		Clientes dos serviços
12		Funcionários do clube		Parceiros
13		Comunidade		Clientes dos serviços

Os principais envolvidos devem participar do planejamento do projeto. Um bom projeto começa pelo consenso entre todos os envolvidos no sentido de trabalharem em prol de um objetivo comum.

Essa relação dos envolvidos, assim como qualquer documento de planejamento, deve ser atualizada no decorrer da execução do projeto, pois novos *stakeholders* podem ser identificados ou algum pode deixar de ser (se ele for substituído, por exemplo).

Utilizando a metodologia

Elabore agora a relação dos envolvidos no seu projeto, preenchendo, no Plano do Projeto, o item 5.

Podemos ter, a critério do gerente, várias reuniões de partida ao longo do projeto: partida do projeto; partida da execução; partida de uma fase; partida do trabalho de uma subcontratada etc. O objetivo dessas reuniões é sempre alinhar expectativas e divulgar o projeto para os principais *stakeholders* do projeto, da execução, da fase, do contrato etc. Organize agora uma reunião de partida do projeto (*kick-off meeting*).

A reunião de partida pode ser feita na própria empresa ou, por exemplo, em um hotel. Devem ser convocados os principais envolvidos no projeto, com antecedência, para que eles possam comparecer, não enviando outros para representá-los. A convocação deve partir, preferencialmente, do patrocinador do projeto. Após as palavras de abertura do patrocinador, enaltecendo a importância (justificativa) e os objetivos do projeto, o gerente deve discorrer sobre o escopo e o envolvimento dos *stakeholders* no planejamento e, caso disponível a informação, na execução do projeto.

P2 – Planejar o escopo e a qualidade

Quando da autorização do projeto (processo I), já foram documentados a justificativa (por quê?) e os objetivos/metas (para quê?). Agora está na hora de planejar o trabalho necessário ("o quê?" e "como?") para que o projeto atinja os seus objetivos, cumprindo as metas estabelecidas. O trabalho do projeto é o que chamamos de "escopo" e consiste na geração de produtos e serviços, cujas características e qualidade são definidas pela especificação de seus requisitos.

É fundamental que comecemos pela definição do escopo do cliente do projeto, ou seja, dos produtos, serviços ou resultados, relacionados aos objetivos do projeto, que serão entregues ao(s) solicitante(s) do projeto. São exemplos: desenhos conceituais, estudos de viabilidade, manual do equipamento, testes, equipamentos, treinamento de pessoal, relatórios de desempenho etc. A primeira definição do escopo do cliente é a constante do documento que autorizou o início do projeto e foi visto no processo I (autorizar o início do projeto) desta metodologia. Porém, devemos detalhar mais esse escopo. A equipe de planejamento, antes de sair detalhando o escopo do cliente, precisa fazer com ele uma validação do seu entendimento. É necessário, portanto, identificar e validar quais são os produtos e serviços que terão de ser produzidos para o cliente, gerando um texto descritivo desse entendimento. Além disso, a equipe precisa escolher, dentre as possíveis alternativas de condução do projeto, aquela que deve ser utilizada para a entrega desses produtos, o que chamamos de "estratégia de condução do projeto". É o que veremos a seguir.

P2.1 – Definir o escopo (visão cliente)

O primeiro passo na definição do escopo é elaborar uma descrição do escopo do projeto, deixando claro, se necessário, o que não faz parte desse escopo. A ideia é limitar o trabalho que será realizado. Esse escopo deve ser validado com o cliente/solicitante antes de prosseguir no planejamento.

Para o nosso projeto exemplo, o escopo do cliente seria:

PROJETO EXEMPLO
DESCRIÇÃO DO ESCOPO COMBINADO COM O CLIENTE
Este projeto tem como escopo: atualização do website; formatação do marketing digital; recadastramento dos sócios; campanhas de captação de sócios; realização de eventos temáticos e em dias festivos; criação de grupos no WhatsApp; criação de espaço *wi-fi* para acesso gratuito à internet; criação de painel com fotos; melhoria do atendimento aos sócios e locatários, com treinamento de colaboradores e entrega de *kits* de boas-vindas; e prospecção de clientes e parceiros.
ESCOPO NÃO INCLUÍDO
Não fará parte do escopo do projeto o mapeamento dos processos de marketing.

Utilizando a metodologia

Escreva agora o escopo do seu projeto, preenchendo os itens 6.1 e 6.2 do Plano do Projeto. Em seguida, valide esse texto com o cliente ou solicitante do projeto.

P2.2 – Definir a estratégia de condução do projeto

Com o escopo validado com o cliente do projeto, a equipe de planejamento do projeto deve montar a estratégia para a sua geração. Uma das decisões acerca da estratégia consiste na divisão do projeto em fases.

Para melhor planejar, executar e controlar um projeto, nós o organizamos em "pedaços" menores, que denominamos fases, cujos nomes e quantidades são determinados pelas necessidades de controle da organização ou organizações envolvidas no projeto. O ciclo de vida do projeto consiste no conjunto de fases do projeto. A definição das fases do ciclo de vida de um projeto está diretamente ligada ao tipo de produto a ser gerado. Não existe uma única maneira de definir o ciclo de vida de um projeto.

Alguns exemplos de ciclo de vida podem ser vistos no livro "Gerenciamento de Projetos: como definir e controlar o escopo do projeto" (XAVIER, 2018b).

No nosso projeto exemplo, decidimos utilizar o método ágil *Scrum* para a implementação das ações de marketing. Assim sendo, no primeiro mês do projeto vamos contratar uma empresa de marketing digital e um assessor de vendas. As ações de marketing serão feitas em *sprints* de um mês, começando no segundo mês e indo até o 11º mês. Em cada *sprint* será feita a definição das ações daquele *sprint*. A estratégia para a geração do escopo do cliente seria, portanto:

PROJETO EXEMPLO

ESTRATÉGIA DE CONDUÇÃO DO PROJETO

Realizar uma reunião de partida com os principais envolvidos.

Mensalmente emitir um relatório de desempenho do projeto.

Divulgar mensalmente, no boletim do clube, notícias do projeto.

Contratar uma empresa de marketing digital e um assessor de vendas no primeiro mês do projeto.

Realizar as ações de marketing em *sprints* de um mês, começando no segundo mês e indo até o 11º mês.

No início de cada mês realizar uma reunião de acompanhamento do projeto onde também serão definidas as ações que serão realizadas naquela *sprint*.

Ao final do projeto realizar uma reunião para o registro de lições aprendidas e gerar um relatório final do projeto.

Utilizando a metodologia

Defina agora, com a sua equipe, a estratégia de condução do projeto e lance no subitem 6.3 do Plano do Projeto.

P2.3 – Elaborar a Estrutura Analítica do Projeto (EAP)

A ferramenta utilizada para a representação do escopo detalhado do projeto é a Estrutura Analítica do Projeto (EAP), tradução para o português de *Work Breakdown Structure* (WBS). Essa representação é fundamental para que possamos gerar o cronograma do projeto, o que será visto no processo "P5 – Planejar o tempo e os recursos".

Na EAP devem ser representados tanto o escopo combinado com o cliente como também o escopo decorrente da estratégia estabelecida (vide P2.1 e P2.2). Por exemplo, em um projeto farão parte da EAP (embora o cliente não tenha solicitado) a elaboração do plano do projeto, a realização de reuniões de acompanhamento, a emissão de um relatório de encerramento do projeto, entre outros.

A EAP é uma estrutura hierárquica, podendo ser representada na forma gráfica ou como uma lista. Veja nas figuras 3.3 e 3.4 como seria a EAP de um projeto de redesenho de processos, no formato gráfico e no formato em lista, em que se esteja utilizando o método ágil *Scrum*.

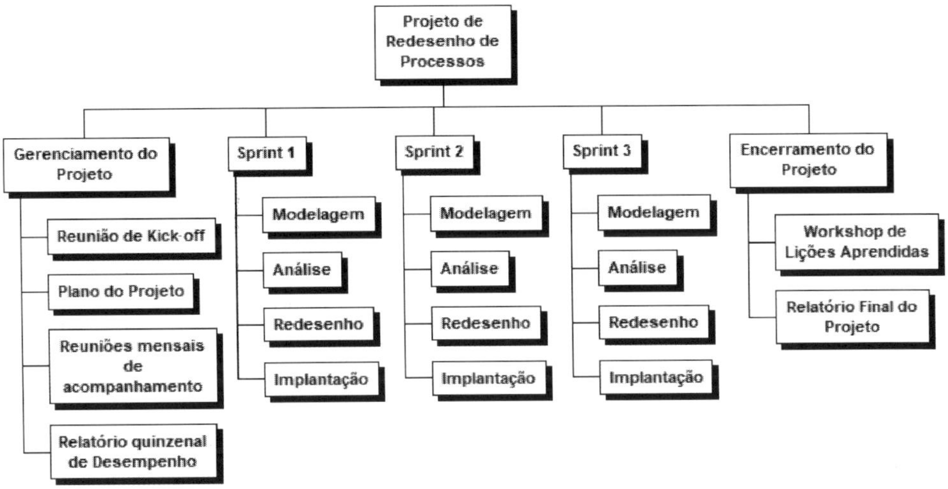

Figura 3.3 – Exemplo de EAP no formato gráfico

1. Projeto de Redesenho de Processos
   - 1.1. Gerenciamento do Projeto
     - 1.1.1.Reunião de Kick-off
     - 1.1.2.Plano do Projeto
     - 1.1.3.Reuniões mensais de acompanhamento
     - 1.1.4.Relatório quinzenal de desempenho
   - 1.2. Sprint 1
     - 1.2.1.Modelagem
     - 1.2.2.Análise
     - 1.2.3.Redesenho
     - 1.2.4.Implantação
   - 1.3. Sprint 2
     - 1.3.1.Modelagem
     - 1.3.2.Análise
     - 1.3.3.Redesenho
     - 1.3.4.Implantação
   - 1.4. Sprint 3
     - 1.4.1.Modelagem
     - 1.4.2.Análise
     - 1.4.3.Redesenho
     - 1.4.4.Implantação
   - 1.5. Encerramento do Projeto
     - 1.5.1.Workshop de Lições Aprendidas
     - 1.5.2.Relatório Final do Projeto

Figura 3.4 – Exemplo de EAP no formato em lista

Para usar a forma gráfica, que é a de melhor visualização, o gerente do projeto necessita utilizar uma ferramenta que auxilie o desenho. Para a maioria dos gerentes que utilizam o software Microsoft Project®, que não tem esse recurso, é útil usar uma ferramenta de apoio (*add-interface*), como, por exemplo, o "WBS Schedule Pro®" da Critical Tools Corporation (<www.criticaltools.com>), o Microsoft Visio® ou o WBStool® (<www.wbstool.com>). Porém, a lista disponível no Microsoft Project, Project Builder (que também exibe uma EAP gráfica) ou em qualquer outro software de gerenciamento de projetos, editor de textos ou planilha eletrônica também pode ser utilizada para representar a EAP.

P2.3.1 – Passos para a elaboração de uma EAP

Veremos a seguir uma abordagem (XAVIER, 2018b) para a elaboração da EAP no formato gráfico, utilizando a técnica de decomposição (de cima para baixo) e utilizando o nosso projeto exemplo. É importante ressaltar que, neste caso, o "Plano Estratégico de Marketing" é a fonte para a definição do escopo do projeto.

- Colocar no primeiro nível (nível 0) da EAP o nome do projeto.

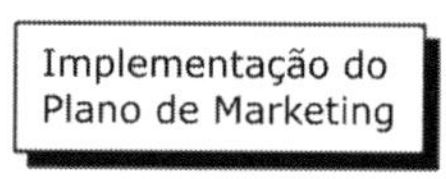

Figura 3.5 – Primeiro nível da EAP

- Colocar no segundo nível (nível 1, também chamado de primeiro nível de decomposição) as fases que estabelecem o ciclo de vida do projeto, colocando também à esquerda das fases um elemento para conter os produtos/serviços necessários ao gerenciamento do projeto e à direita para o encerramento.

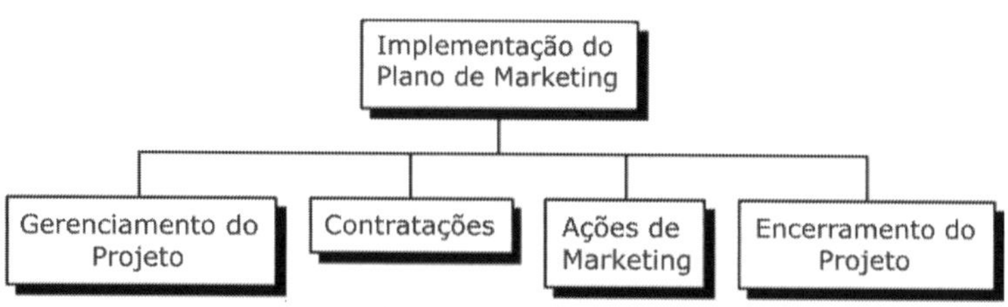

Figura 3.6 – Segundo nível da EAP

- Identificar os subprodutos necessários para que seja alcançado o sucesso do projeto em cada fase e no gerenciamento e encerramento.

Para cada subproduto, verificar se as estimativas de custo e tempo, assim como a identificação de riscos e a atribuição de responsabilidade para a execução do projeto, podem ser desenvolvidas nesse nível de detalhe. Se a resposta for negativa, deve ser decomposto o elemento da EAP, subdividindo-o em componentes menores, mais manejáveis, até que os subprodutos estejam definidos em detalhe suficiente para suportar o desenvolvimento dos processos de gerenciamento do projeto.

A profundidade (número de níveis) da EAP depende do tamanho e da complexidade do projeto, e da necessidade de detalhe para o seu gerenciamento. Atenção que não é preciso que a EAP seja simétrica, ou seja, que todos os subprodutos sejam decompostos até o mesmo nível.

Essa EAP só estará finalizada após chegarmos ao processo P8 da metodologia, pois em função dos próximos passos de planejamento podemos necessitar acrescentar na EAP alguns produtos e serviços.

No nosso projeto exemplo, a EAP a seguir representa o escopo do projeto.

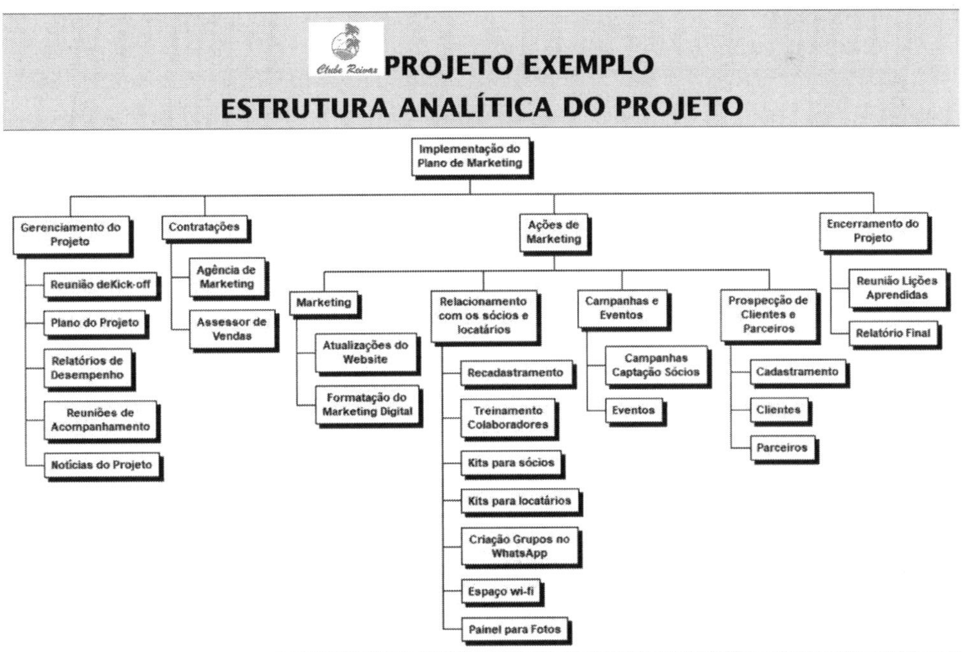

Figura 3.7 – EAP do projeto exemplo

Utilizando a metodologia

Elabore agora, com a sua equipe, a EAP do seu projeto e lance no subitem 6.4 do Plano do Projeto. Lembre-se, porém, que ela possivelmente sofrerá alterações ao longo dos próximos processos de planejamento.

P2.3.2 – Descrição das entregas (produtos e serviços)

A EAP sozinha não consegue deixar claro qual escopo será entregue pelo projeto. Para tal, pode ser elaborado um documento que descreva cada produto e serviço nos níveis mais baixos da EAP (aqueles que não foram decompostos), também chamados de "pacote de trabalho". O *PMBOK® Guide* (PMI, 2017) denomina este documento de "Dicionário da EAP".

No nosso projeto exemplo, o Dicionário da EAP seria:

PROJETO EXEMPLO		
DICIONÁRIO DA ESTRUTURA ANALÍTICA DO PROJETO		
		Descrição
1.1	**Gerenciamento do Projeto**	
1.1.1	Reunião de *Kick-off*	A reunião de partida será realizada no auditório e será aberta pelo patrocinador. Devem ser convidados os principais envolvidos do projeto, com antecedência mínima de dois dias. Após a palavra do patrocinador, enaltecendo a importância do projeto, o gerente deve discorrer sobre a sua estratégia para condução do projeto.
1.1.2	Plano do projeto	Documento em Word contendo o planejamento do projeto. Deve seguir o modelo da metodologia "Basic Methodware" e ter a logomarca da empresa.
1.1.3	Relatórios de desempenho	Relato quinzenal do status do projeto, reportando aos principais envolvidos os pontos positivos e negativos durante a execução do projeto.
1.1.4	Reuniões de acompanhamento	Reuniões mensais com os diretores, coordenada pelo gerente do projeto, para obter apoio nas ações que precisam ser executadas.
1.1.5	Notícias do projeto	Emissão de notícias semanais para os colaboradores, ressaltando o processo de mudanças pelo qual o clube está passando, explicando o projeto, seus benefícios e o seu tempo de duração.

PROJETO EXEMPLO		
DICIONÁRIO DA ESTRUTURA ANALÍTICA DO PROJETO		
1.2	Contratações	
1.2.1	Agência de marketing	Contratação de agência especializada em marketing digital para conduzir atuação do clube nas mídias sociais.
1.2.2	Assessor de vendas	Contratação de um assessor de vendas que possa impulsionar a captação de sócios e a locação de espaços.
1.3	Ações de marketing	
1.3.1	Marketing	
1.3.1.1	Atualizações do *website*	Configuração SEO, implementação de *pop up*, *push notification* e *chatbot*, criação de uma matriz de responsáveis por conteúdo do site; e alteração do conteúdo das páginas com informações desatualizadas.
1.3.1.2	Formatação do marketing digital	Definição das mídias que serão utilizadas, do cronograma mensal de publicações e da matriz de responsáveis por conteúdo.
1.3.2	Relacionamento com sócios e locatários	
1.3.2.1	Recadastramento	Realização do recadastramento de sócios, de forma a permitir o marketing direcionado.
1.3.2.2	Treinamento colaboradores	Treinamento dos colaboradores no atendimento aos sócios e locatários.
1.3.2.3	*Kits* para sócios e locatários	Elaboração de *kits* a serem entregues aos novos sócios e aos locatários, com informações gerais e regras do clube.
1.3.2.4	Criação de grupos no WhatsApp	Criação de grupos do tênis, futebol, náutica e outros que reforcem a união e o espírito de pertencimento ao clube.
1.3.2.5	Espaço *wi-fi*	Criação de espaço para acesso à internet, com motivação e decoração para adolescentes.
1.3.2.6	Painel para fotos	Criação de um painel em área comum do clube onde os associados possam tirar fotos e contribuir com a divulgação do clube.
1.3.3	Campanhas e eventos	
1.3.3.1	Campanhas de captação de sócios	Campanhas bimensais, com temas diversos, para a captação de sócios.
1.3.3.2	Eventos	Realização de eventos: carnaval; páscoa; dia das mães; dia dos pais; dia das crianças; aniversário do clube e Papai Noel.

PROJETO EXEMPLO		
DICIONÁRIO DA ESTRUTURA ANALÍTICA DO PROJETO		
1.3.4	Prospecção de clientes e parceiros	
1.3.4.1	Cadastramento	Realização do recadastramento de clientes (locatários) e parceiros, de forma a permitir o marketing direcionado.
1.3.4.2	Clientes	Ações junto aos possíveis locatários de forma a aumentar a locação de espaços.
1.3.4.3	Parceiros	Ações junto aos possíveis parceiros de forma a aumentar a locação de espaços e a captação de sócios.
1.4	Encerramento do projeto	
1.4.1	Reunião de lições aprendidas	*Workshop* com duração de duas horas para o registro das lições aprendidas do projeto, devendo participar os principais *stakeholders*.
1.4.2	Relatório final	Documento contendo o resultado do projeto. Deve seguir o modelo da metodologia "Basic Methodware" e ter a logomarca da empresa.

Outros detalhes acerca da elaboração da EAP e da descrição de produtos e serviços podem ser vistos no livro "Gerenciamento de Projetos: como definir e controlar o escopo do projeto" (XAVIER, 2018b).

P2.4 – Planejar a qualidade

O conceito de qualidade, no gerenciamento de projetos, é definido como o grau em que as características de um produto ou serviço atendem aos desejos e necessidades dos *stakeholders*. Existem dois aspectos de qualidade a serem considerados no projeto: o primeiro é a qualidade dos produtos ou serviços e o segundo é a qualidade do gerenciamento do projeto. O primeiro está relacionado com as características e especificações às quais o produto deve atender, enquanto o segundo está relacionado aos aspectos da qualidade de gerenciamento do projeto.

Devemos incluir em nosso projeto as necessidades para garantir e controlar a qualidade das entregas definidas conforme o subitem 2.3.2 (Descrição das entregas). Quando estamos planejando uma auditoria estamos realizando uma ação para a garantia da qualidade. Quando estamos realizando um teste estamos realizando uma ação para o controle da qualidade.

Utilizando a metodologia:

Planeje agora, com a sua equipe, a garantia e o controle da qualidade do projeto, refletindo na EAP os produtos e serviços necessários para tal.

P3 – Planejar as respostas aos riscos

Normalmente, quando se pensa em riscos, o que vem à cabeça são eventos de ameaça ao projeto, mas a definição de riscos, segundo o *PMBOK® Guide* (PMI, 2017), é: "um evento ou condição incerta que, se ocorrer, provocará um efeito positivo ou negativo nos objetivos de um projeto". Portanto, devemos identificar ameaças e oportunidades para o projeto.

Todo projeto está exposto a riscos. O nível dessa exposição é influenciado pela sua natureza, tamanho, complexidade e pelo ambiente no qual está inserido. Todos os aspectos que constituem um projeto, ou seja, tecnologia, recursos humanos e materiais, aspectos legais, políticos, ambientais e financeiros, podem ser fontes de riscos.

Os riscos do projeto devem ser efetivamente gerenciados, de modo a garantir que os objetivos do projeto sejam atendidos, através da minimização dos impactos negativos (ameaças) e da maximização dos positivos (oportunidades).

A equipe de gerenciamento do projeto deve dimensionar adequadamente o gerenciamento dos riscos de modo a balancear seu custo com os benefícios proporcionados para o projeto. No decorrer do projeto, todos os membros da equipe devem ser responsáveis por identificar novos riscos, em função do progresso do projeto ou de mudanças em seu ambiente.

O gerente do projeto deve planejar uma reunião de trabalho para realizar a identificação, a análise e a resposta aos riscos. Para que consigamos o comprometimento dos *stakeholders*, é fundamental que verifiquemos quais deles devem participar dessa reunião. A técnica mais utilizada é o *brainstorming* (tempestade de ideias), que consiste na geração de ideias sem restrições. Qualquer pensamento relacionado aos riscos do projeto deve ser coletado.

Como resultado do planejamento das respostas aos riscos, preenchemos o subitem 7 do Plano do Projeto (registro de riscos).

P3.1 – Identificar os riscos

O primeiro passo é identificar os riscos que podem afetar os objetivos do projeto. O gerente deve conduzir o trabalho de identificação dos riscos, disponibilizando para os envolvidos nessa tarefa a documentação do planejamento do projeto atual e informações sobre projetos anteriores. As informações e a análise dos resultados obtidos, relativos a escopo, tempo, qualidade, custos, contratação, comunicações, recursos, integração, bem como a avaliação sobre os riscos previstos, eventos ocorridos e as soluções adotadas, podem ser de grande valia para a identificação de riscos. Caso não existam informações históricas internamente à organização, podemos recorrer a outras fontes de informação (periódicos, estudos acadêmicos, empresas de consultoria etc.) para auxiliar nessa atividade.

O principal resultado dessa atividade é o preenchimento da coluna "Riscos" do registro de riscos constante do subitem 7 do Plano do Projeto. Durante a identificação de riscos pode ser diagnosticado que alguns itens do planejamento precisam ser revistos. Por exemplo, a EAP pode precisar ser mais detalhada para permitir uma correta avaliação de riscos.

Para o nosso projeto exemplo, alguns riscos podem ser elencados:

- Paralização do projeto em razão da não reeleição do presidente do clube (ameaça).
- Procura por títulos do clube aquém do esperado em razão do PIB ter uma performance abaixo de 3% (ameaça).
- Procura por títulos do clube além do esperado em razão do PIB ter uma performance acima de 3% (oportunidade).
- Impacto negativo na marca devido a um incidente no clube (ameaça).
- Redução do engajamento com o projeto em razão do baixo envolvimento do patrocinador com o projeto (ameaça).
- Possibilidade de ampliar a utilização do marketing digital, em razão do surgimento de novas tecnologias (oportunidade).
- Evasão de sócios e/ou redução da procura por títulos do clube em razão do surgimento de um novo clube na cidade ou ações de marketing de clubes concorrentes (ameaça).

P3.2 – Analisar os riscos

Após a identificação, os riscos devem ser analisados de modo a determinar a sua exposição ao risco, que depende de dois aspectos: a sua probabilidade de ocorrência e o impacto que ele pode causar ao projeto, conforme está ilustrado na Figura 3.8.

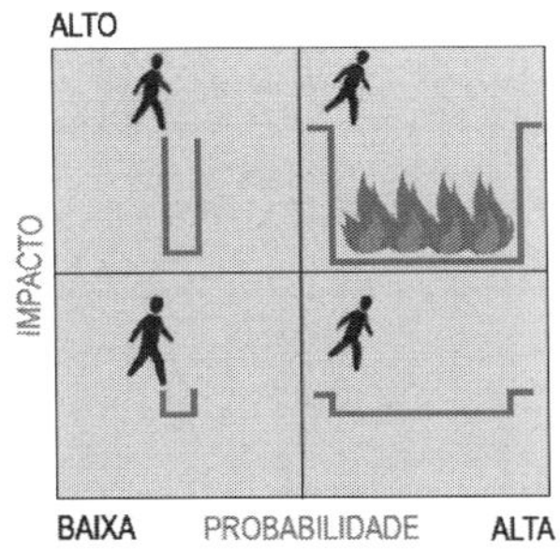

Figura 3.8 – A exposição ao risco

A abordagem simplificada desta metodologia considera a análise qualitativa dos riscos para a determinação do grau de exposição ao risco, sendo sugerida a utilização da tabela a seguir:

PROBABILIDADE	IMPACTO	EXPOSIÇÃO AO RISCO
BAIXA	BAIXO	BAIXA
BAIXA	MÉDIO	BAIXA
BAIXA	ALTO	MÉDIA
MÉDIA	BAIXO	BAIXA
MÉDIA	MÉDIO	MÉDIA
MÉDIA	ALTO	ALTA
ALTA	BAIXO	MÉDIA
ALTA	MÉDIO	ALTA
ALTA	ALTO	ALTA

O registro de riscos do Plano do Projeto passa a conter, portanto, a exposição ao risco (alta, média ou baixa). Os riscos recebem prioridade em função da sua exposição. Os que têm maior exposição devem ser tratados como mais prioritários que os demais na hora de responder a eles.

P3.3 – Definir as respostas aos riscos

Consiste em selecionar as ações a serem adotadas para reduzir as ameaças e potencializar as oportunidades que influenciam o resultado do projeto. Este processo visa garantir que os riscos serão adequadamente tratados. As ações de respostas aos riscos devem:

- Corresponder à severidade do risco.
- Ter custo adequado em relação à ameaça (oportunidade) para os objetivos do projeto.
- Ser realistas.
- Ser acordadas entre os principais envolvidos.
- Possuir alguém responsável pela monitoração e execução das ações de resposta ao risco.

Vejamos quais seriam as estratégias possíveis de respostas aos riscos:

	Estratégias para riscos negativos ou ameaças
Eliminar	Técnica que consiste em alterar o plano do projeto para eliminar a ameaça ou proteger os objetivos do projeto de seus impactos ou para flexibilizar o objetivo que está sendo ameaçado, como extensão do cronograma ou redução do escopo. Nem sempre é possível, mas alguns riscos podem ser eliminados. Adotar uma abordagem tradicional em vez de uma inovadora é um exemplo. Outro seria a redução do escopo do projeto.
Transferir	Técnica que consiste em transferir para terceiros as consequências de um impacto negativo, porém não os elimina. Como exemplo, pode-se adotar um contrato por preço global, onde o fornecedor arca com os custos de eventos inesperados, ou fazer seguro para o evento de risco.
Mitigar	Técnica que busca reduzir o impacto e/ou a probabilidade dos eventos de risco. Um sistema de servidores redundantes é um exemplo de mitigação. O servidor de *backup* pode não ter a mesma capacidade do oficial, porém em caso de falha deste, é mantida a disponibilidade de um dado serviço, mesmo com a ocorrência de *slow-time*. O esclarecimento dos requisitos, a obtenção de informações, a melhoria da comunicação ou a aquisição de especialização podem mitigar alguns riscos que surgem no início do projeto.

Estratégias para riscos negativos ou ameaças	
Aceitar	Esta técnica indica que o time de projeto resolveu não alterar o plano do projeto para lidar com um risco ou foi incapaz de identificar outra estratégia aplicável. A **aceitação passiva** não gera nenhuma resposta específica, nem mesmo a criação de reservas para o caso de o evento de risco ocorrer. A **aceitação ativa** indica que o time desenvolveu um plano de contingência para tratar dos riscos se estes ocorrerem. A resposta de aceitação de riscos mais comum é a determinação de uma margem ou reserva de contingência, seja em termos financeiros ou de tempo.
Estratégias para riscos positivos ou oportunidades	
Explorar	Técnica que visa garantir que a oportunidade seja concretizada. Tenta eliminar a incerteza associada a um risco positivo específico fazendo com que a oportunidade definitivamente aconteça. A exploração de forma direta das respostas considera a designação de recursos mais qualificados para o projeto a fim de minimizar o tempo de conclusão e obter uma qualidade maior do que a originalmente planejada.
Compartilhar	Técnica utilizada quando se percebe que um terceiro é capaz de aproveitar melhor as vantagens do risco, em prol do projeto. Fazer alianças através de parcerias, ou até mesmo *joint ventures*, permite compartilhar os riscos visando gerenciar oportunidades.
Melhorar	Técnica que visa modificar o "tamanho" de uma oportunidade aumentando a probabilidade e/ou os impactos positivos de um risco, identificando e maximizando os principais acionadores desses riscos de impacto positivo. A probabilidade de êxito pode ser aumentada quando atuamos proativamente para o risco positivo acontecer.
Aceitar	Esta técnica indica que o time de projeto resolveu não alterar o plano do projeto para lidar com um risco ou foi incapaz de identificar outra estratégia aplicável.
Estratégia para respostas contingenciadas	
Preparar a contingência	Resposta planejada para fazer frente à ocorrência de um evento específico. Neste caso, por exemplo, a equipe receberá um alerta se os marcos intermediários não foram cumpridos. Se um fornecedor atrasar uma entrega, a equipe deverá preparar a contingência para os impactos deste atraso.
Calcular reserva de contingência	A reserva de contingência pode abranger os fundos, o orçamento ou o tempo necessário, além da estimativa, para reduzir o risco de ultrapassar os objetivos do projeto a um nível aceitável para a organização.

Dessa forma, para o nosso projeto exemplo, o registro de riscos seria:

PROJETO EXEMPLO **REGISTRO DE RISCOS DO PROJETO**			
ID	**Riscos (ameaça/ oportunidade)**	**Exposição ao risco**	**Respostas ao risco**
1	Paralização do projeto em razão da não reeleição do presidente do clube (ameaça)	M x M Média	– Em caso de novo presidente, realizar apresentação do projeto.
2	Procura por títulos do clube aquém do esperado em razão do PIB ter uma performance abaixo de 3% (ameaça)	B x M Baixa	– Aceitar em razão da baixa exposição
3	Procura por títulos do clube além do esperado em razão do PIB ter uma performance acima de 3% (oportunidade)	B x M Baixa	– Aceitar em razão da baixa exposição
4	Impacto negativo na marca devido a um incidente no clube (ameaça)	M x A Alta	– Propor que o clube faça um plano de respostas aos riscos organizacionais – Comunicação constante com os funcionários, orientando acerca dos procedimentos a serem cumpridos
5	Redução do engajamento com o projeto em razão do baixo envolvimento do patrocinador e outros *stakeholders* do projeto (ameaça)	M x A Alta	– Enviar ao patrocinador e aos principais *stakeholders* relatos periódicos acerca do desempenho do projeto
6	Possibilidade de ampliar a utilização do marketing digital, em razão do surgimento de novas tecnologias (oportunidade)	B x M Baixa	– Monitorar o mercado para verificar as tendências tecnológicas no marketing digital
7	Evasão de sócios e/ou redução da procura por títulos do clube em razão do surgimento de um novo clube na cidade ou ações de marketing de clubes concorrentes (ameaça)	B x A Média	– Monitorar o mercado para reagir rapidamente ao surgimento de um novo clube na cidade ou ações de marketing de clubes concorrentes

Utilizando a metodologia

Elabore agora o registro de riscos do seu projeto, preenchendo, no Plano do Projeto, o subitem 7. O planejamento das respostas aos riscos deve ser refletido nas demais áreas de gerenciamento, de forma a ser mantida a integração do projeto.

P4 – Planejar as comunicações

O objetivo deste processo é planejar as comunicações com as partes envolvidas no projeto (*stakeholders*). A gestão da comunicação é também uma gestão de expectativas. Como normalmente essas expectativas diferem de pessoa para pessoa, é importante utilizar as técnicas disponíveis de maneira apropriada para evitar as falhas e barreiras de comunicação, bem como as suas indesejáveis consequências.

As informações devem ser precisas em conteúdo, concisas, sem deixar de abordar os aspectos relevantes, sendo suficientemente claras para não causar dúvidas quanto ao seu objetivo. Deve ser estabelecido o método ou a tecnologia de comunicação adequada para cada parte envolvida. Pode ser que um cliente, diretor ou outra importante parte envolvida tenha preferência ou facilidade por um determinado meio ou canal para receber as informações.

Deve-se ter cuidado para não saturar o gerente, ou outra pessoa de nível gerencial, com informações desnecessárias ou sem valor agregado. Uma vez definidas quais serão as informações a serem distribuídas, deve ser estabelecido quem será o responsável pela sua produção e qual a sua periodicidade.

Os relatórios são ferramentas de monitoramento e as reuniões são para controle, ou seja, tomada de decisão. Tome cuidado para não programar reuniões desnecessárias ou que possam ser substituídas por outro meio de comunicação eficaz. Planeje a agenda da reunião e divulgue-a com antecedência para que os participantes possam se preparar. Utilize técnicas de condução de reuniões para torná-las produtivas e faça a ata da reunião. Um modelo de ata de reunião pode ser visto no Apêndice B, item B.2.4.

O planejamento das comunicações deve ser refletido nas demais áreas de gerenciamento, de forma a ser mantida a integração do projeto. Por exemplo, as reuniões e os relatórios previstos devem ser inseridos na Estrutura Analítica do Projeto, no cronograma, no orçamento etc.

Utilizando a metodologia

Atualize agora o planejamento do seu projeto com os eventos necessários para uma boa comunicação.

P5 – Planejar o tempo e os recursos

A Estrutura Analítica do Projeto (EAP) é a base para a elaboração do cronograma do projeto. Queremos colocar no tempo, "quando" e "por quem" os produtos e serviços (entregas) serão desenvolvidos e entregues ao longo do projeto.

Vimos no processo P2 que a EAP é uma estrutura hierárquica, podendo ser representada como uma lista ou na forma gráfica. Para o cronograma precisamos da forma em lista. Assim sendo, vamos transformar a EAP gráfica gerada em P2.3 em uma lista. Começamos numerando o nome do projeto (primeiro nível) como 1. No segundo nível numeramos como 1.1, 1.2, 1.3 e assim por diante.

No caso do nosso projeto exemplo, teríamos:

EAP em Lista	
1.1	Gerenciamento do Projeto
1.1.1	Reunião de *Kick-off*
1.1.2	Plano do Projeto
1.1.3	Relatórios de Desempenho
1.1.4	Reuniões de Acompanhamento
1.1.5	Notícias do Projeto
1.2	Contratações
1.2.1	Agência de Marketing
1.2.2	Assessor de Vendas
1.3	Ações de Marketing
1.3.1	Marketing
1.3.1.1	Atualizações do *Website*
1.3.1.2	Formatação do Marketing Digital
1.3.2	Relacionamento com sócios e locatários
1.3.2.1	Recadastramento
1.3.2.2	Treinamento Colaboradores

EAP em Lista	
1.3.2.3	*Kits* para sócios e locatários
1.3.2.4	Criação de Grupos no WhatsApp
1.3.2.5	Espaço *wi-fi*
1.3.2.6	Painel para Fotos
1.3.3	Campanhas e Eventos
1.3.3.1	Campanhas Captação Sócios
1.3.3.2	Eventos
1.3.4	Prospecção de Clientes e Parceiros
1.3.4.1	Cadastramento
1.3.4.2	Clientes
1.3.4.3	Parceiros
1.4	Encerramento do Projeto
1.4.1	Reunião Lições Aprendidas
1.4.2	Relatório Final

P5.1 – Identificar atividades e marcos

Nós decompomos uma entrega em atividades quando queremos planejar e/ou controlar melhor o tempo para a sua execução. A decomposição em atividades não é obrigatória, ficando a critério da equipe de planejamento realizá-la ou não. Dessa forma, vamos até o nível mais baixo em que fizemos a decomposição na EAP e tomamos a decisão, em cada entrega, se necessitamos ou não decompor em atividades. Por exemplo, para um pacote de trabalho "Manual do Equipamento", em que já exista uma versão anterior pronta e que serão necessárias apenas cerca de duas horas para sua elaboração, não há a necessidade de decomposição em atividades.

Enquanto as entregas são escritas como substantivos (ex.: Aquisição), as atividades devem ser escritas como verbo no infinitivo (ex.: Revisar). Essas atividades não possuem descrição.

Marcos (*milestones*)

Marcos são pontos de controle que acrescentamos em um cronograma, normalmente uma conclusão de fase ou de uma entrega importante do projeto. Os marcos devem ser escritos como "substantivo + particípio passado do verbo".

P5.2 – Identificar as dependências entre entregas, atividades e marcos

Cabe agora a identificação do relacionamento lógico do trabalho do projeto, para que assim estabeleçamos a sua sequência. Essa dependência deve ser estabelecida no nível mais baixo de decomposição, seja ele uma entrega, atividade ou marco, que chamaremos aqui de tarefa.

O sequenciamento pode ser feito com o auxílio de um computador (utilizando software de gerência de projetos, por exemplo) ou manualmente. Para o estabelecimento da sequência de tarefas é necessário o conhecimento de alguns conceitos:

Tipos de tarefa

- Tarefa predecessora é a que comanda a relação de dependência com outra atividade (sucessora).
- Tarefa sucessora é a que depende de outra atividade (predecessora).

Tipos de relacionamento entre as tarefas

- TI – A sucessora só se inicia após o término da tarefa predecessora. Ex.: o telhado só se inicia após o término das paredes.
- II – A sucessora só se inicia após o início da tarefa predecessora. Ex.: os serviços de terraplanagem devem começar junto com os de topografia.
- TT – A sucessora só termina com o término da tarefa predecessora. Ex.: a homologação do produto depende da assinatura do cliente no relatório.
- IT – O término de uma tarefa depende do início da tarefa anterior. É inverso ao tipo TI. Ex.: o computador antigo só pode ser desligado após o início do funcionamento do novo.

Recomendações

- Usar término-início sempre que possível.
- Demais ligações são exceções.
- Faça as dependências somente no nível mais baixo de decomposição.

P5.3 – Levantar os recursos necessários e estimar a duração das atividades

Este processo tem como objetivo levantar os recursos (pessoas, equipamentos ou materiais) e a quantidade que deve ser empregada para a realização das tarefas do projeto, assim como estimar o tempo necessário para a execução de cada uma. São feitos em paralelo porque há uma dependência entre a duração de uma tarefa e a quantidade de recursos a ser utilizada. O recurso pode ser do tipo mão de obra, material ou apenas um custo específico.

Devemos, primeiramente, levantar os recursos necessários para a execução das tarefas, para então estimar a duração de cada uma. Uma pessoa ou grupo da equipe do projeto que estiver mais familiarizada com a natureza de uma tarefa específica deve fazer ou, no mínimo, aprovar a estimativa.

P5.4 – Gerar o cronograma

O documento que representa o planejamento de tempo em um projeto é o cronograma. Ele apresenta a data planejada para início e a data esperada para a conclusão de cada entrega e atividade. O cronograma aprovado, chamado de cronograma base ou referência, é um dos componentes do plano do projeto e é usado para avaliação e acompanhamento do desempenho do projeto.

- **Cronograma do projeto:** é um documento na forma gráfica ou tabular com as datas planejadas para o início e a conclusão das tarefas do projeto, podendo conter marcos (pontos de controle, normalmente as conclusões/entregas de subprodutos).
- **Cronograma de marcos:** um cronograma sumarizado que identifica os principais pontos de controle do projeto (marcos).

Temos então que definir as datas de início e término das atividades do projeto. É o processo que evidencia as seguintes etapas: conciliar de forma eficiente o uso dos recursos a fim de aperfeiçoar a forma de utilização; determinar quais tarefas fazem parte do caminho mais longo do projeto (também chamado de caminho crítico) com objetivo de priorizá-las; e adequar o cronograma do projeto às restrições de datas e prazos impostos ao projeto para que assim minimize os eventuais atrasos. Vale ressaltar que o cronograma do projeto pode ser elaborado em diversos softwares, dependendo apenas da complexidade do projeto.

O cronograma do projeto exemplo, feito a partir da EAP elaborada em P2.3.1, poderia ser o da Figura 3.9.

	Cronograma	M1	M2	M3	M4	M5	M6	M7	M8	M9	M10	M11	M12
1.1	Gerenciamento do Projeto												
1.1.1	Reunião de *kick-off*	■											
1.1.2.	Plano do projeto	■											
1.1.3	Relatórios de desempenho	■	■	■	■	■	■	■	■	■	■	■	■
1.1.4	Reuniões de acompanhamento	■	■	■	■	■	■	■	■	■	■	■	■
1.1.5	Notícias do projeto	■	■	■	■	■	■	■	■	■	■	■	■
1.2	Contratações												
1.2.1	Agência de marketing	■											
1.2.2	Assessor de vendas	■											
1.3	Ações de marketing												
1.3.1	Marketing												
1.3.1.1	Atualiações do *website*		■										
1.3.1.2	Formatação do marketing digital		■										
1.3.2	Relationamento com sócios e locatários												
1.3.2.1	Recadastramento		■										
1.3.2.2	Treinamento colaboradores		■										
1.3.2.3	*Kits* para sócios e locatários			■									
1.3.2.4	Criação grupos no WhatsApp		■										
1.3.2.5	Espaço *wi-fi*					■							
1.3.2.6	Painel para fotos									■			
1.3.3	Campanhas e eventos												
1.3.3.1	Campanhas captação sócios				■		■		■		■		
1.3.3.2	Eventos			■		■		■		■		■	
1.3.4	Prospecção de clientes e parceiros												
1.3.4.1	Cadastramento		■										
1.3.4.2	Clientes					■	■	■	■	■	■	■	
1.3.4.3	Parceiros		■	■									
1.4	Encerramento do projeto												
1.4.1	Reunião lições aprendidas												■
1.4.2	Relatório final												■

Figura 3.9 – Exemplo de cronograma de projeto

Porém, no nosso projeto exemplo, a estratégia de condução definida foi que as ações de marketing fossem feitas em *sprints*, com duração de um mês, começando no segundo mês e indo até o 11º mês, em cada *sprint* sendo feita a definição das ações daquela *sprint*. Com essa estratégia, a forma de organizarmos o cronograma muda um pouco, pois as ações de marketing serão divididas em *sprints*, sem a definição inicial do que seria feito em cada *sprint*. Assim sendo, o cronograma do projeto exemplo seria o da Figura 3.10.

PROJETO EXEMPLO													
CRONOGRAMA DO PROJETO													
Cronograma		**M1**	**M2**	**M3**	**M4**	**M5**	**M6**	**M7**	**M8**	**M9**	**M10**	**M11**	**M12**
1.1	Gerenciamento do projeto												
1.1.1	Reunião de *kick-off*												
1.1.2	Plano do projeto												
1.1.3	Relatórios de desempenho												
1.1.4	Reuniões de acompanhamento												
1.1.5	Notícias do projeto												
1.2	Contratações												
1.2.1	Agência de marketing												
1.2.2	Assessor de vendas												
1.3	Ações de marketing												
1.3.1	*Sprint* 1												
1.3.2	*Sprint* 2												
1.3.3	*Sprint* 3												
1.3.4	*Sprint* 4												
1.3.5	*Sprint* 5												
1.3.6	*Sprint* 6												
1.3.7	*Sprint* 7												
1.3.8	*Sprint* 8												
1.3.9	*Sprint* 9												
1.3.10	*Sprint* 10												
1.4	Encerramento do projeto												
1.4.1	Reunião lições aprendidas												
1.4.2	Relatório final												

Figura 3.10 – Exemplo de cronograma de projeto com *sprints*

Outros detalhes acerca da elaboração de um cronograma podem ser vistos no livro "Metodologia de Gerenciamento de Projetos – Methodware" (XAVIER et al, 2014).

Utilizando a metodologia

Elabore agora o cronograma do seu projeto e coloque no item 8 do Plano do Projeto.

P6 – Planejar as aquisições

A intensa competição global fez com que as empresas buscassem uma maior eficiência em seus processos, tendo obtido uma posição de destaque o gerenciamento das aquisições em projetos. A exemplo da tradução oficial do *PMBOK® Guide*, utilizaremos nesta metodologia o termo "aquisição" como tradução de *procurement*, significando a compra ou contratação de produtos, serviços ou recursos físicos (materiais, equipamentos e pessoas) para atender às necessidades do projeto. O gerenciamento de aquisições do projeto passa pela decisão do que, quanto, quando e como será a contratação no projeto, incluindo a administração e o encerramento de contratos.

Nem sempre a organização irá executar a totalidade do escopo utilizando apenas sua experiência e recursos internos. Nessas situações, seja pela falta de conhecimento e experiência sobre o serviço ou produto, seja por uma estratégia de compartilhamento ou transferência de risco, ou apenas pela falta de recursos físicos, é necessário realizar processos de aquisições. Para isso, deverá ser definido o que será adquirido e como será conduzido o processo durante a execução do projeto. O primeiro passo, portanto, é decidir o que será contratado e o que será feito internamente.

A análise da EAP, do cronograma e das responsabilidades auxiliará a equipe a determinar os produtos e serviços a serem adquiridos, considerando as necessidades de recursos físicos e a capacidade da organização de fornecê-los. Os recursos que não estiverem disponíveis internamente devem ser obtidos externamente.

Após decidirmos o que será contratado para cada produto/serviço ou conjunto a ser adquirido, devemos acrescentar no planejamento (EAP e cronograma) as entregas e atividades necessárias para a solicitação de propostas, contratação e administração do contrato.

Utilizando a metodologia

Atualize agora o planejamento do seu projeto com as contratações dos itens necessários ao seu projeto.

P7 – Planejar o custo

É o processo que desenvolve uma estimativa dos custos para a implementação das atividades do projeto. Veja que o objetivo é estimar custo, mesmo que sejam utilizados recursos já disponíveis na organização. Por exemplo, a utilização de um profissional interno no nosso projeto tem custo apesar de ele já constar da folha de pagamentos da empresa. É uma decisão da organização se vai ou não considerar nos custos dos projetos os recursos internos que forem utilizados.

O cálculo do custo do projeto é normalmente feito através do somatório do custo de geração de cada produto/serviço do projeto. Muitas vezes é um processo iterativo porque exige decisões de gerenciamento quando as estimativas não estão condizentes com os recursos financeiros disponíveis. É iterativo porque essas decisões de gerenciamento podem envolver mudanças no escopo, nos recursos envolvidos e no cronograma do projeto.

As estimativas de custo podem ser baseadas em propostas de fornecedores, dados históricos e estatísticos, ou em projetos semelhantes. Existem três formas de realizar as análises de custos, que são: a **estimativa análoga**, que utiliza dados de projetos semelhantes; a **estimativa paramétrica**, que busca informações estatísticas de projetos; e a **estimativa *bottom-up***, a mais acurada delas, que é usada através da multiplicação do custo do recurso pela quantidade necessária desse recurso.

No nosso projeto exemplo, o clube optou por não colocar no orçamento do projeto o custo dos funcionários. Dessa forma, o orçamento seria:

Figura 3.11 – Orçamento do projeto

Utilizando a metodologia

Faça agora o planejamento dos custos do seu projeto e lance no item 9 do Plano do Projeto.

P8 – Aprovar o Plano do Projeto

O Plano do Projeto, algumas vezes chamado de Plano de Gerenciamento do Projeto (PGP), Plano Integrado do Projeto, Plano Geral do Projeto ou Plano Global do Projeto, é o documento formal que consolida todo o planejamento, servindo como base para a sua gerência.

Conforme alerta o *PMBOK® Guide*, "o conteúdo do Plano irá variar dependendo da área de aplicação e da complexidade do projeto". O plano do projeto é mais do que somente uma estimativa do que será feito, quando será feito e os recursos exigidos para tal. É um compromisso dos indivíduos e da organização envolvida para executarem o projeto de acordo com o plano. Então é crítico que os indivíduos responsáveis por fazer esses compromissos sejam participantes ativos no processo de planejamento e aceitem a sua parcela de responsabilidade na execução do Plano.

O Plano deve ser um documento formal, consistente e aprovado pelo patrocinador ou cliente do projeto. Para que ele seja consistente, é importante verificar se o planejamento de cada área foi refletido nas demais. Por exemplo, uma resposta ao risco de "atraso da obra em razão de chuvas" pode ser a contratação de um toldo, com os seguintes reflexos: acréscimo da contratação na EAP e no cronograma; acréscimo da empresa fornecedora de toldos como envolvida (*stakeholder*), assim como o acréscimo do valor correspondente ao aluguel no orçamento.

Além do resultado do planejamento, que foi sendo feito ao longo dos processos P1 a P7, o Plano deve definir também como será feito o controle integrado de mudanças e o acompanhamento do projeto, respectivamente os itens 4 e 5 do modelo do Plano do Projeto do item B.2 do Apêndice B. O Planejamento do Controle Integrado de Mudanças tem como objetivo planejar como as mudanças no projeto poderão ser solicitadas, como será feita a avaliação de impacto e qual o mecanismo de autorização de mudanças, com o respectivo reflexo no planejamento do projeto. O acompanhamento do projeto deve ser feito por meio de relatórios e reuniões. Falaremos sobre esse assunto nos processos "C – Checar o trabalho do projeto" e "A – Agir para corrigir distorções".

Após aprovado, o plano passa a ser a base de referência (*baseline*) para a medição do progresso e o controle do projeto. Se estiver usando um software de gerenciamento de projetos, essa é a hora de salvar a base de referência.

O Plano deve ser continuamente atualizado de forma a traduzir a realidade do projeto.

Utilizando a metodologia

Verifique agora a consistência do seu plano e obtenha a aprovação do patrocinador para que a execução possa ser iniciada. Em seguida, salve a base de referência se estiver utilizando um software de gerenciamento do projeto.

3.4. Executar o projeto

D – Gerenciar a execução do Plano do Projeto

Este processo tem como objetivo colocar em prática o previsto no Plano do Projeto. O gerente do projeto orienta o desempenho das tarefas planejadas do projeto e gerencia as diversas interfaces técnicas e organizacionais que existem dentro do projeto. Geralmente, a maior parte dos recursos (pessoas, materiais e equipamentos) estará dedicada a este processo, que será concluído após terem sido entregues todos os produtos e serviços planejados para o projeto. Esse trabalho deve ser feito de forma coordenada e com a utilização otimizada dos recursos, gerando o escopo na qualidade prevista.

O gerente deve dar uma atenção especial para os produtos e serviços mais importantes do projeto. Para tal, ele deve ter em mente a regra 80/20, também conhecida como princípio de Pareto, abordada no Capítulo 1. O gerente do projeto deve então identificar os 20% de produtos e serviços que serão responsáveis por 80% do sucesso do projeto. Para isso, deve usar como parâmetro: importância do produto/serviço para o cliente; riscos envolvidos; custos envolvidos; e se o atraso da tarefa causará atraso no projeto.

Lembre-se de que gerenciar projetos é gerenciar pessoas. É papel do gerente do projeto: desenvolver a qualificação dos membros da equipe, de modo a aumentar sua capacidade de concluir satisfatoriamente as atividades do projeto; e desenvolver a confiança e a coesão dos membros da equipe para que a produtividade seja aumentada por meio de um melhor trabalho em equipe.

D.1 – Mobilizar a equipe do projeto

Devemos mobilizar a equipe de execução do projeto. Essa mobilização deve ser feita ao longo do projeto, de acordo com as necessidades para a realização das tarefas e, também, quando for necessário substituir recursos da equipe.

De um modo geral, são considerados os seguintes fatores na escolha dos membros da equipe: disponibilidade, qualificação, experiência específica no trabalho a ser executado, interesse pessoal e custo da mão de obra. O gerente do projeto deve atuar de modo a minimizar os riscos decorrentes de ausências ou abandonos por parte dos membros da equipe.

Quando ocorrer disputa por recursos da organização, o gerente do projeto deverá utilizar sua capacidade de negociação para trazer os melhores recursos para a equipe.

O gerente do projeto deve garantir que: (a) todos os membros da equipe sejam formalmente alocados ao projeto. Para tanto, as pessoas devem ser formalmente comunicadas da sua alocação (por e-mail, por exemplo); (b) as informações sobre a equipe na "Relação dos envolvidos no projeto" (vide processo P1) sejam atualizadas; (c) para cada pessoa alocada, esteja definido o quanto ela estará dedicada ao projeto (por exemplo, uma pessoa pode estar disponível para o projeto apenas durante uma semana, em regime integral, em meio expediente ou especificamente para uma tarefa).

D.2 – Autorizar a execução do trabalho com apoio do *Kanban*

No Capítulo 1 vimos que o *Kanban* é uma excelente ferramenta para o gerenciamento da execução de um projeto. Todos os produtos e serviços definidos na Estrutura Analítica do Projeto (EAP) durante o planejamento passam a compor o *Product Backlog* (coluna *to do* do *Kanban*), pois representam as entregas do projeto.

Clube Reivax

No nosso projeto exemplo, o Kanban inicial seria o da Figura 3.12.

O *Product Owner* deve priorizar as entregas que devem ser feitas, passando da coluna "To Do" para a "Must Do". Os membros da equipe, quando iniciarem o trabalho, mudam a tarefa de "Must Do" para "Doing". Ao concluírem, mudam para "Done".

Antes do início de cada *sprint*, é realizada uma reunião destinada ao planejamento (*sprint planning meeting*). Nesse momento, toda a equipe participa e opina sobre quais atividades devem ser priorizadas para o próximo período de trabalho, o que gera maior comprometimento por parte dos membros da equipe, uma vez que deixam de ser meros executores e passam a ser corresponsáveis pelos rumos do projeto.

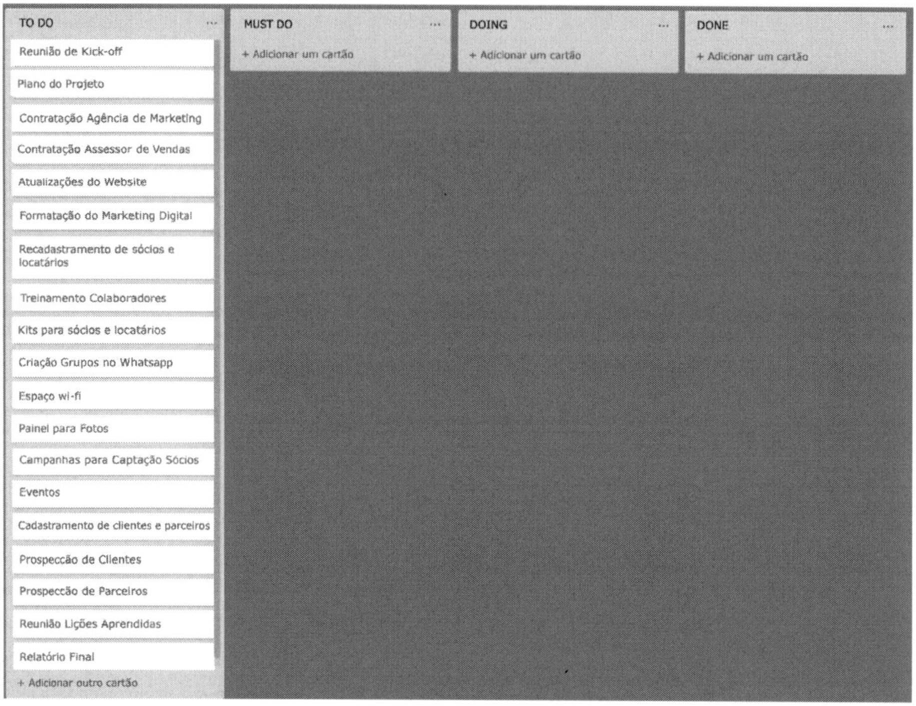

Figura 3.12 – Exemplo de *Kanban* inicial

Em cada cartão, que pode ser um *post-it*, é anotada a entrega a ser feita, o responsável pela sua execução e o prazo limite para conclusão. Observando o *Kanban*, a equipe sabe exatamente como está o progresso do projeto e pode fazer uma autoavaliação do seu desempenho individual e de grupo, pois os *post-its* "passeiam" por cada espaço do quadro de tarefas. Isso permite que todos saibam o que acontece no projeto e possam sugerir e implementar ajustes para manter o andamento do projeto de maneira satisfatória. Cada cor de cartão pode ter um significado diferente. Por exemplo, cartões azuis podem representar entregas relacionadas ao gerenciamento do projeto (por exemplo, um relatório de desempenho a ser feito).

D.3 – Comunicar-se com os principais envolvidos

O gerente utiliza as suas habilidades de comunicação para que as informações acerca do projeto sejam enviadas de forma clara e completa às partes envolvidas. Problemas de comunicação são uma das principais fontes de insucesso em projetos. Portanto, uma comunicação adequada colabora muito para que o projeto seja bem-sucedido em sua execução. Estatísticas mostram que cerca de 90% do tempo do gerente é gasto se comunicando com equipe, cliente, fornecedores e outros envolvidos.

Para a divulgação das informações sobre o projeto podem ser utilizados diversos meios de comunicação, tais como: telefone, relatórios impressos, e-mails, páginas na internet ou na intranet, vídeos, reuniões, apresentações em computador etc. Observe que devemos ter qualidade e não quantidade de comunicação. Muito cuidado para que não seja feito o gerenciamento do projeto pelo correio eletrônico. Se o gerente passa boa parte do seu tempo lendo e escrevendo mensagens eletrônicas, alguma coisa está errada.

D.4 – Obter o aceite dos produtos e serviços do projeto

À medida que o trabalho do projeto avança e as entregas programadas são cumpridas, torna-se necessária a obtenção do aceite do cliente. O gerente deve obter do(s) representante(s) do cliente um documento formalizando o aceite das entregas realizadas e arquivá-lo no acervo do projeto. Pode ser uma mensagem eletrônica, uma ata de reunião ou até mesmo um documento específico criado para essa formalização. É importante não deixar essa formalização somente para a última entrega do projeto.

Quando usamos o método *Scrum*, é realizada uma Reunião de *Sprint Review* para que seja obtido o aceite das entregas ao final de cada *Sprint.*

3.5. Monitorar e controlar o projeto

C – Checar o trabalho do projeto

Checar ou monitorar o trabalho do projeto significa observar, coletar, disseminar e avaliar informações a respeito do desempenho do projeto a cada período (por exemplo, a cada mês).

Para esse monitoramento, utiliza-se como base de referência o Plano do Projeto aprovado. É necessário:

- Coletar informações sobre o custo e as datas reais de execução do projeto.

- Comparar o desempenho real obtido com o Plano do Projeto.
- Monitorar os riscos do projeto.
- Prover informações para apoiar os relatos de status, medição de progresso e estimativas futuras.
- Monitorar a implementação das requisições de mudanças aprovadas de acordo com o processo "A – Agir para corrigir distorções".

O principal instrumento de representação do resultado do monitoramento de um projeto é o "Relatório de Desempenho". A periodicidade de emissão desse documento deve ser acertada com o destinatário da comunicação, sendo estabelecida de acordo com o contexto de cada projeto. A seguir, pode ser vista uma sugestão de conteúdo para esse documento.

<nome ou logomarca da Organização>	**RELATÓRIO DE DESEMPENHO**	**Período: dd/mm/ aaaa a dd/mm/aaaa**
Projeto:		**Cliente:**
Elaborado por:		**Data de emissão:**

1. Atividades Realizadas

<Atividades concluídas desde o último relatório>

Dicas:

- Inclua o nome da atividade como está no cronograma, incluindo o código da EAP. Isso facilita a identificação das atividades.
- Para ajudar na compreensão do relatório, sempre que se julgar necessário, deve ser incluído um pequeno parágrafo explicativo.
- Se a atividade estava atrasada, mencionar desde quando.
- Mencionar sempre quando uma atividade não estava programada no planejamento inicial. Por exemplo, atividades de replanejamento ou atividades resultantes de ações para correção de desvios (item 6).
- Para tarefas que agrupam atividades relacionadas, não é necessário listá-las, a não ser que seja considerado relevante.

2. Atividades pendentes

<Atividades que deveriam ter sido concluídas e não foram, utilizando as dicas de 1>

3. Pontos de atenção

<Liste os pontos de atenção e um breve parágrafo explicativo>

4. Próximas atividades

<Atividades que estarão em foco no próximo período de acompanhamento do projeto, utilizando as dicas de 1>

5. Posicionamento em relação ao cronograma planejado

Dica: Caso esteja utilizando o MS-Project, inserir o cronograma (*Gantt* de Controle) com o avanço físico até o momento.

6. Razões dos desvios e sugestões de ações corretivas

<Lançar a motivação para os desvios em relação ao programado e as sugestões de ações corretivas a serem implementadas>

7. Previsão de término do projeto

<Prognóstico de custo e prazo para o término do projeto>

____

ASSINATURA <gerente do projeto>

Se estamos usando *Scrum*, cada *sprint* é monitorada através de reuniões diárias, com duração média de 15 minutos, para verificar o andamento do projeto (*daily meeting*). Nessa reunião, de caráter informal, os membros da equipe expõem o que fizeram no dia anterior, o que farão no dia atual e, ainda, se há algum impedimento para a realização de suas tarefas.

Após o término das atividades previstas para cada *sprint*, é realizada uma reunião de lições aprendidas, ou *sprint retrospective*. Essa reunião é presenciada por membros de todos os projetos ativos, ação esta tomada em favor da gestão do conhecimento da empresa, de maneira que todos possam estar sempre bem atualizados em relação às práticas vigentes, bem como para garantir que se desenvolva uma cultura de visão sistêmica dentro da organização.

A – Agir para corrigir distorções

Este processo tem como objetivo corrigir as distorções detectadas pelo processo "C – Checar o trabalho do projeto" e, também, controlar as mudanças aprovadas para o projeto.

Na Figura 3.13 pode ser visto como ficaria um *Kanban* durante um projeto, em que as entregas posicionadas na coluna "Must Do" representam uma potencial distorção, pois deveriam ter sido iniciadas e ainda não foram.

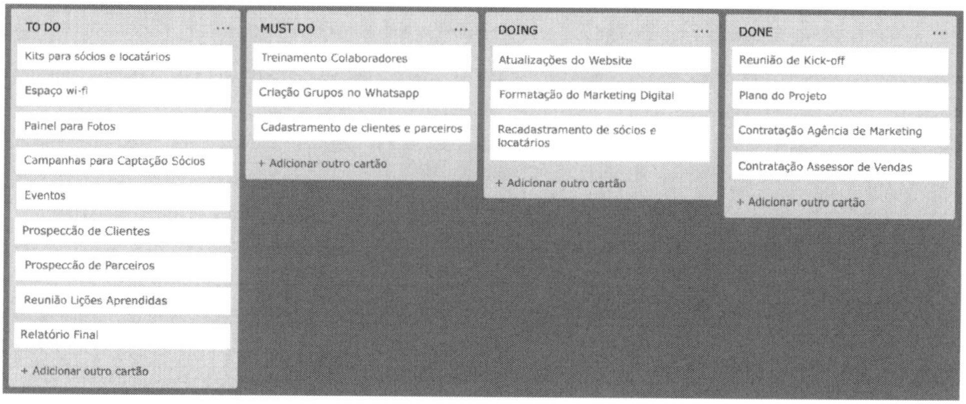

Figura 3.13 – Exemplo de *Kanban* no meio de um projeto

A.1 – Corrigir as distorções

Uma distorção no projeto é um desvio em relação ao planejado. Pode ser em relação a qualquer área de conhecimento: escopo, cronograma, custo, recursos, qualidade, comunicação, aquisições, risco, *stakeholders* ou integração. As decisões acerca do que fazer em relação aos desvios são tomadas, normalmente, em "Reuniões de Acompanhamento" com o cliente, com a equipe, com o fornecedor ou outros *stakeholders*. Essas reuniões podem acontecer com diferentes periodicidades e em diversos níveis (por exemplo: um projeto pode ter uma reunião semanal com a equipe, outra quinzenal com os fornecedores e outra mensal com o cliente).

Lembre-se de que o instrumento correto para apontar as distorções é o relatório, que deve ser enviado com antecedência aos participantes da reunião, para que, quando da sua realização, ela seja mais eficaz, focando na decisão a ser tomada.

A.2 – Controlar as mudanças

As mudanças nos projetos ocorrem por vários motivos e não têm, a princípio, somente consequências negativas, como aumento de custo e de prazo. Elas podem gerar resultados positivos também. É importante gerenciar com atenção este processo, de modo a assegurar que as mudanças: (a) sejam identificadas; (b) sejam adequadamente avaliadas quanto ao seu impacto sobre os objetivos e as restrições do projeto; e (c) sejam formalmente autorizadas ou não, pois o excesso de mudanças, ou até mesmo uma única mudança, pode causar impacto inaceitável no cronograma, no custo e na qualidade. O controle de mudanças deve ser feito de forma integrada, compreendendo o controle das mudanças de escopo, cronograma e orçamento do projeto.

Uma mudança pode ser solicitada a qualquer tempo e por qualquer pessoa ou parte interessada (usuário, cliente, membros da equipe, investidores, fornecedores) autorizada para tal. As mudanças no projeto podem ocorrer de forma indireta, como resultado de planos de contingência ou outras alterações e favores prestados ao cliente por membros da equipe. Muitas vezes são mudanças mínimas que os responsáveis não informam à equipe e muito menos ao gerente do projeto. Uma vez que não é recomendável desestimular as boas relações profissionais entre a equipe e os envolvidos, é conveniente assegurar que todas as mudanças sejam devidamente autorizadas via um sistema de controle.

Uma maneira de estabelecer um sistema de controle de mudanças é adotar um formulário de requisição de mudança. Isso permitirá que as informações relevantes sobre o que deve ser mudado, quem realizou a solicitação, o motivo da solicitação e quais os seus impactos sejam identificados e utilizados no processo de tomada de decisão que determinará sua aprovação (ou não).

O impacto da implementação da mudança deve ser analisado pela equipe de gerenciamento, sendo os resultados, juntamente com a requisição, submetidos à sistemática de controle de mudanças definida para o projeto. Uma vez aprovada, a mudança é refletida no plano do projeto com a atualização da EAP, do cronograma, do orçamento e de demais itens do plano do projeto, de acordo com a abrangência da mudança, sendo estabelecida então a nova base de referência. O trabalho, relativo à mudança, incorporado ao plano do projeto pode, portanto, ser realizado e controlado da mesma forma que o trabalho originalmente planejado.

A sistemática a ser utilizada para o controle de mudanças deve estar estabelecida no Plano de Projeto e divulgada para os principais *stakeholders*. A seguir pode ser visto um exemplo de um formulário de pedido de mudança.

<nome ou logomarca da Organização>	**PEDIDO DE MUDANÇA**	**PM Nº______**
Projeto:		Data:
Solicitado por:		Contato:
	DETALHES DA MUDANÇA	
Descrição:		
Motivo:		
	AVALIAÇÃO DOS IMPACTOS	
Escopo:		
Custo:		
Prazo:		
Qualidade:		
Solicitação Aprovada ( )		Solicitação Rejeitada ( )
Justificativa:		
Gerente de projeto:		Data:
Responsável pela aprovação:		Data:

3.6. Encerrar o projeto

E – Encerrar o projeto

O encerramento do projeto pode ser iniciado quando o processo "C – Checar o trabalho do projeto" indicar que o escopo do projeto foi totalmente entregue e aceito, ou quando o patrocinador ou a gerência da organização solicitar o seu cancelamento (caso seus objetivos não sejam mais pertinentes, necessários ou alcançáveis). Para que o projeto seja encerrado, todos os contratos também devem ser encerrados. Devemos documentar os resultados e o conhecimento obtidos pela organização durante a execução do projeto, formalizando o encerramento do projeto.

E.1 – Solicitar ao cliente o aceite final e a avaliação do projeto

O término do projeto para com o cliente deve ser formalizado por meio de e-mail, reunião ou termo formal de aceite. A ideia é documentar que o projeto e o cliente estão quites em relação às suas responsabilidades combinadas para o projeto. Na situação em que o projeto tenha sido interrompido, ou seja, finalizado antes do término, recomenda-se identificar e documentar as causas que ocasionaram esse término não previsto. No caso de cliente externo, é conveniente neste momento solicitar uma declaração ou atestado de execução do trabalho, que poderá ser útil em futuros processos para fornecimento de produtos e serviços semelhantes ao mercado.

Para que a equipe possa obter o *feedback* final do cliente em relação ao desempenho do projeto, pode ser solicitado que este faça uma avaliação que indique o grau de satisfação em relação ao gerenciamento do projeto.

Em projetos para clientes internos, pode ser necessário realizar avaliação em relação aos resultados para o negócio. Por exemplo, o retorno do investimento foi alcançado?

Os resultados da avaliação do cliente (interno ou externo) devem ser analisados pela equipe do projeto, sendo utilizados para identificar necessidades de melhorias. Uma boa prática, no encerramento do projeto, é a documentação das lições aprendidas, capturando o conhecimento desenvolvido durante a execução do projeto.

Se as informações sobre os problemas, os erros e os acertos cometidos no projeto não forem materializados em documentos e analisados pela organização, o conhecimento se perde e a organização não se aprimora, repetindo erros passados.

E.2 – Fechar o projeto

Este passo consiste na realização de algumas tarefas de cunho administrativo para que o projeto seja encerrado – por exemplo, liberar recursos alocados ao projeto, atualizar os registros finais do projeto e fechar o projeto nos sistemas administrativos.

O encerramento administrativo do projeto só poderá ser efetivamente realizado quando todas as etapas e pendências tiverem sido concluídas e sanadas, salvo por término antecipado.

Apêndice A. Projeto Exemplo "Implementação do Plano de Marketing do Clube Reivax"

A.1. Plano Estratégico de Marketing do Clube Reivax

CLUBE REIVAX	PLANO ESTRATÉGICO DE MARKETING
Elaborado por: Ana Luiza Collares Xavier	Versão: 01

1. Cenário

Em razão da crise econômica, o clube perdeu 200 sócios no último ano, tendo reduzido também a receita com a locação de espaços, que é hoje de R$ 10.000,00 mensais.

2. Objetivos do plano

Realinhar suas ações de marketing contemplando três objetivos principais nos próximos 12 meses: reter 95% dos sócios atuais; captar 200 novos sócios; e aumentar em 20% a receita com a locação de espaços.

3. Análise do negócio

Missão

Promover o bem-estar dos associados e seus familiares, oferecendo condições adequadas para a prática de atividades náuticas, esportivas, sociais e culturais, a partir de instalações apropriadas e serviços com elevado nível de excelência.

Visão

Ser reconhecido como um grupo (associados, patronos, diretores, conselheiros, empregados e parceiros) que trabalhe unido, com respeito e honestidade, desprovido de vaidade pessoal e privilégios, para transformar o Departamento Náutico do Clube Reivax no melhor clube náutico da cidade de Glamorosa.

Valores do clube

- Confiança
- Segurança
- Família
- Bem-estar
- Lazer
- Saúde

Praça

- Glamorosa

Proposta de valor

- Diversidade de entretenimento (atividades náuticas, esportivas e sociais).
- Lazer com a família e amigos.
- Segurança.
- Conveniência de se ter tantas atividades em um só lugar.
- Estacionamento para carros, motos e barcos.

Segmentos de clientes

O Clube Reivax atende a três segmentos principais: donos de barcos, aposentados e pensionistas da classe A/B/C e famílias.

Relacionamento com os clientes

O Clube Reivax se relaciona com os clientes por meio de eventos em datas comemorativas, redes sociais, revista mensal, TVs e sistema de som presente no clube e atividades do clube.

Canais

O clube utiliza o seu site, redes sociais e o SAC como canais.

Parcerias-chave

- Associações da redondeza (terceira idade, náutica etc.).
- Cerimonialistas.
- Professores de educação física.
- Escolas.

Atividades-chave

- Diversidade de entretenimento (atividades náuticas, esportivas, sociais).
- Lazer.
- Segurança.
- Conveniência.
- Manutenção da infraestrutura.
- Aulas esportivas e náuticas.
- Estacionamento para barcos, carros e motos.

Recursos-chave

Para o Clube Reivax, seus recursos-chave são: recursos humanos; parcerias; e a infraestrutura.

Estrutura de custos

O Clube Reivax tem custos com infraestrutura, recursos humanos e comunicação.

Fontes de renda ou receita

O Clube Reivax tem a mensalidade dos sócios e a joia, a locação de espaço para eventos e serviços (aulas, salão de beleza e restaurantes), estacionamento de barco e de carro.

4. Diagnóstico

Análise SWOT

Forças	Fraquezas
O estacionamento dos barcos é no píer, sendo possível oferecer mais segurança, energia e água aos barcos	Baixo desempenho da assessoria de imprensa
Tradição – fundado em 1983, possui, portanto, 35 anos no mercado	Divulgação dispersa (há dois perfis no Facebook e dois no YouTube)
Marca forte e respeitada na cidade (visto como um clube sério e organizado)	Faltam atividades para adolescentes
Há *wi-fi* disponibilizado, embora com baixa qualidade	Para algumas operadoras, não pega celular no clube
Possui 13.894 contatos no sistema de 4.000 sócios	As áreas do clube são isoladas (principalmente o espaço esportivo)
Possui muitas mídias internas disponíveis	Os sócios têm o costume de entrar pelo acesso que não é esteticamente bonito
Ocupa uma área de 60.480m²	Falta um bom restaurante
Variedade de serviços/ofertas/eventos	A qualidade da mão de obra não é boa (funcionários não possuem treinamentos e têm baixa qualificação e comprometimento)
Boa infraestrutura	O site não é atualizado com a frequência necessária
Ótimo estacionamento (amplo, acessível e em boas condições)	Inexistência de plano estratégico organizacional
Segurança	Limitações de recursos financeiros e logísticos
Acessibilidade para deficientes físicos (rampas, topografia favorável etc.)	Baixa frequência em relação à quantidade de sócios
Boa audiência *on-line* no Facebook	

Oportunidades	Ameaças
Triton Yatchs, uma das maiores empresas de produção de iates, prevê crescimento de 15% no próximo ano.	Sazonalidade do serviço (pico entre novembro e fevereiro).
O mercado náutico brasileiro começou a apresentar sinais de melhora, animando empresários do setor já no segundo semestre de 2017.	Crise econômica.
O pessoal começa com um barco pequeno, gosta da brincadeira e troca por um modelo maior, diz o empresário Júlio Tedesco, proprietário da marina Itajaí.	Inadimplência em virtude da situação familiar na crise.

Oportunidades	Ameaças
No mercado de luxo, as relações entre marcas e consumidores tendem a ser ainda mais profundas do que em outros segmentos.	Segundo a Marinha do Brasil, o número de lanchas do tipo esporte e recreio registradas em 2013 foi de 8.560, já em 2017 o número caiu para 4.292 (contabilizadas até o mês de outubro).
Consolidação da sustentabilidade como uma das principais exigências dos consumidores. Não importa se o produto é um automóvel, um relógio ou mesmo o aluguel de uma residência, as questões sustentáveis já se tornaram uma prioridade no momento de decisão.	Um dado interessante é que, para cada embarcação registrada, 3,5 habilitações náuticas são tiradas. Em 2017 cerca de 50 mil habilitações de amadores foram emitidas pela Marinha do Brasil – número menor que em 2012, que foi de 104 mil habilitações para todas as categorias de amadores. Essa realidade se atribui à economia, mas também a outros fatores como a falta de segurança e de campanhas para trazer novos consumidores ao setor.
Diante dos conceitos de posse e experiência, a indústria do luxo depara com o desafio de manter a diferenciação e, ao mesmo tempo, oferecer uma proposta de valor que vá além do status.	Em janeiro de 2018, foram registrados 76 mil usuários diferentes procurando uma embarcação no site Bombarco. Desses, 68 mil usuários são novos. Ou seja, muitos procuram, mas poucos efetivam a compra.
Falta de segurança, que leva à procura de lugares mais seguros e fechados.	A taxa de desemprego mais que dobrou nos últimos dois anos, e o rendimento médio real do trabalhador caiu 18% no fim de 2017, para R$ 2.842.
Pesquisa PWC – *Global Consumer Insights Survey 2018* – aponta que 49% dos entrevistados esperam melhoria no desempenho da economia. Outro dado que a pesquisa apontou foi que 50% dos entrevistados buscam experiências em vez de produtos. A pesquisa também aponta a busca por qualidade de vida e por aproveitar mais o tempo com amigos e familiares.	
Os maiores gastos dos brasileiros com lazer são comer e viajar.	
Os consumidores estão começando a percerber que o uso excessivo de celulares pode se tornar um vício e ser prejudicial à saúde. Diante dessa situação, há hotéis criando programas de *detox* digital e alguns canais sociais e aplicativos estão disponibilizando ferramentas para que seja possível monitorar o tempo gasto navegando por eles.	

Concorrentes

O grande concorrente do Clube Reivax, o Resalloc, que está no mercado há 25 anos, atua na mesma cidade e possui um preço mais acessível do que o Reivax. Tem piscina, parquinho infantil, academia, espaços com churrasqueiras, salões de festa, quadras esportivas e restaurantes. Oferece aulas de tênis, futebol, vôlei, pilates e dança. Possui dois públicos-alvo: aposentados da classe B/C e famílias da classe B/C. Seu posicionamento está atrelado ao preço e, por isso, se diz ser o clube com o melhor custo/benefício do mercado. Dentre suas fraquezas, podemos citar a falta de estacionamento e ter bem menos atividades que o Clube Reivax. Já sua força é seu preço e atendimento de excelência. Para divulgar o clube, Resalloc utiliza seu blog, redes sociais, mídia paga *on-line*, outdoor, *busdoor* e anúncios no jornal local.

Público-alvo

No Reivax identificamos três perfis: donos de barco; famílias; e aposentados.

- **Donos de barco.** Em sua maioria, são homens, entre 30 e 50 anos, da classe A/B de Glamorosa. Costumam ser profissionais liberais, médicos, juízes e desembargadores que veem o barco como parte de um hobby, uma terapia, um momento para relaxar. Eles começam com uma embarcação pequena e vão aprendendo mais sobre como cuidar do barco, os tipos de embarcações, compram acessórios e vão, cada vez mais, aumentando o tamanho da embarcação e seu conhecimento náutico.
- **Família.** Este público tem características similares aos donos de barco, estão na faixa etária entre 30 e 50 anos, da classe A/B de Glamorosa, mas não têm barco. São homens e mulheres que têm filhos, praticam atividade física e possuem uma agenda atarefada, por isso, o momento de lazer é agendado e costuma ficar mais para o final de semana. Suas opções de lazer são comer, viajar e ir ao cinema, nesta ordem. Preferem gastar mais com experiências do que com produtos.
- **Aposentados.** Os aposentados são da classe A/B/C de Glamorosa, estão com mais de 65 anos e os filhos já saíram de casa. Após anos trabalhando, eles veem que chegou o momento de curtir e que eles merecem aproveitar ao máximo com os amigos e com a família. Muitos ajudam os filhos cuidando dos netos em certos momentos. Eles estão inseridos no meio digital, amam realizar atividades em grupo e prezam um atendimento diferenciado e atencioso.

Personas

No exemplo do Clube Reivax, criamos três personas, cada uma representando um público-alvo.

- **Pedro.** Pedro é médico, tem 35 anos, morador de Glamorosa. Ele entrou na medicina para ajudar as pessoas, mas algumas vezes a responsabilidade de cuidar de uma vida o afeta e ele só quer fugir por um tempo e esquecer do mundo. Ele encontrou nas atividades náuticas um hobby para relaxar e se distrair. Isso o levou a comprar uma lancha. Ele começou com uma embarcação pequena, participando de *boat shows*, de fóruns *on-line* para troca de conhecimento e lendo revistas *on-line* e impressas sobre os barcos. Antes de escolher sua embarcação, fez uma pesquisa minuciosa e ouviu indicações de fornecedores para escolha do barco e de onde guardá-lo, pois teria que ser um espaço seguro, tranquilo, de fácil acesso e com toda a infraestrutura necessária para a manutenção do barco. O Clube Reivax oferece tudo isso e outras atividades, assim o Pedro pode cuidar do seu barco e aproveitar sozinho, com família e/ou amigos a piscina, o cinema, o *happy hour* às sextas etc. O Clube Reivax é a segunda casa do Pedro.
- **Juliana.** Juliana tem 42 anos e é advogada, casada com o Eduardo, mãe da Maria Clara, de 4 anos, e do Paulo, de 15 anos, do seu primeiro casamento. A família mora em Glamorosa, e cada um gosta de fazer uma coisa diferente. Eduardo joga tênis às segundas e quartas, Maria Clara faz natação nesses mesmos dias, o Paulo começou a malhar diariamente e a Juliana faz pilates às terças e quintas. Mesmo dividindo as tarefas de casa e dos filhos com o Eduardo, a rotina da Juliana é intensa, mas ela fica aliviada de ter tudo em um só lugar: Clube Reivax. Ele oferece toda a segurança necessária para o lazer da sua família e ainda tem o parquinho e os amiguinhos da Maria Clara. No final de semana, a família aproveita para passar o dia juntos na piscina e/ou assistindo a um filme no cinema. Mesmo o Paulo perdendo muitos momentos em família por estar no celular, a família cria ótimos momentos juntos no Clube Reivax, que é como se fosse a sua segunda casa.
- **João.** João é um contador recém aposentado, de 66 anos, morador de Glamorosa. Trabalhou muito a sua vida toda, deu uma boa formação para seus filhos, Carlos, Joana e Junior, e agora só quer saber de aproveitar a vida ao lado de Conceição, sua esposa, de sua família e

de seus amigos. João se reúne quase todo dia no Clube Reivax com seus amigos para confraternizar, curtir a piscina e jogar conversa fora. Mas só porque João não está trabalhando não quer dizer que ele não tenha responsabilidades. Ele e Conceição ajudam seus filhos cuidando dos netos, sempre que necessário. Ele ama todos os seus netos igualmente, mas o seu chamego é a Sofia, a mais nova integrante da família, de 2 anos. Duas vezes na semana, ele a leva para o parquinho. Ela ama e aguarda ansiosamente os avós a buscarem. Já no final de semana, João reúne a família no clube para almoçarem juntos e aproveitarem o dia. Outra responsabilidade de João é com a sua saúde – ele pratica atividade física todo dia no clube e, para ele, o Clube Reivax é sua segunda casa.

5. Jornada do cliente

Aprendizado e descoberta

- Pedro: fugir da rotina, se distrair e relaxar.
- Juliana: comodidade, segurança e aproveitar momentos em família.
- João: aproveitar a vida com a família e amigos.

Reconhecimento do problema

- Pedro: começar um hobby e selecionar o melhor local para desenvolvê-lo.
- Juliana: encontrar um local que ofereça diversas atividades em um só lugar com toda a segurança necessária para ela e sua família.
- João: encontrar um local para curtir com a família e amigos.

Quais as ações das personas do Clube Reivax?

- Pedro: pesquisa na internet, conversa com amigos (indicação), entra em sites náuticos especializados, questiona fornecedores de barco sobre opções para guardar barco.
- Juliana: pesquisa na internet, olha as redes sociais, conversa com amigos (indicação).
- João: conversa com amigos (indicação), conversa com associações, pesquisa na internet, pesquisa em jornais e revistas.

Consideração da solução

- Pedro: passa a conhecer vários clubes com a possibilidade de guardar o barco e mantê-lo em segurança, oferecendo um fácil acesso para ele.

- Juliana: passa a conhecer vários espaços que oferecem uma boa infraestrutura, segurança e uma gama de atividades.
- João: passa a conhecer vários espaços que oferecem atividades em grupo ou possibilidade de realizar atividades em grupo.

Ações

- Pedro: busca indicação do fornecedor de barco, conversa com alguém da comunidade náutica, pesquisa na internet, visita os locais para conhecer, conversa com os funcionários do clube e sócios.
- Juliana: busca indicação de amigos e familiares, busca nas redes sociais, pesquisa na internet, visita os locais para conhecer, conversa com funcionários, vê depoimentos de sócios.
- João: busca indicação de amigos e familiares, pesquisa na internet, visita os locais para conhecer, conversa com funcionários.

Decisão de compra

- Pedro: boa infraestrutura do clube para guardar e realizar a manutenção do barco, bom atendimento rápido e direto, segurança, serviços disponíveis, localização.
- Juliana: variedade das atividades, boa infraestrutura, segurança, localização, valor, bom atendimento rápido e direto.
- João: boa infraestrutura, valor, atendimento atencioso e personalizado, localização, quais amigos são sócios e como funciona levar convidados.

6. Estratégias

Estratégias traçadas, de acordo com o público-alvo:

- **Donos de barcos:** criar uma comunidade, fazê-lo se sentir parte de um grupo seleto, criando conexões entre os sócios e estimulando o hobby.
- **Família:** ações para aumentar a frequência de ida ao clube, criando um elo afetivo para o clube estar sendo sempre lembrado, atrelado a um espaço de diversão e carinho, e incentivando a que os próprios sócios realizem a divulgação do clube, afinal a indicação é mais poderosa que a propaganda.
- **Aposentados:** a estratégia é fazer com que eles se sintam valorizados por meio de um excelente atendimento. Vamos também criar uma comunidade, incentivando a utilização do clube com a família e/ou amigos, com o desconto na joia para o ingresso de grupos.

Outras estratégias foram traçadas para o clube:

- Pensando nos locatários de espaço, a estratégia é oferecer uma experiência positiva no clube, descontos em outros serviços (como nas aulas) e parceria com cerimonialistas para incentivar a indicação do espaço do clube para seus clientes e outros colegas da área.
- Visando qualificar e engajar os funcionários, visto que esta é uma fraqueza do clube, a estratégia é aplicar treinamentos para desenvolvê-los e incentivar o senso de pertencimento ao clube, sorteando ingressos para eventos, incentivando a participação de seus dependentes nos eventos gratuitos do clube (dia das crianças, Papai Noel etc.) e criando um elo afetivo com o clube.
- Finalmente, a última estratégia é realizar parcerias para oferecer mais serviços e benefícios aos sócios.

7. Táticas

- Para os donos de barcos, criar grupo no WhatsApp e eventos trimestrais para troca de conhecimento e relacionamento.
- Para o público família, implementar o espaço *wi-fi* e construir um relacionamento afetivo com as mães desde o início da maternidade, através da parceria com o Cinematerna, uma ONG que realiza sessões de cinema para mães e seus bebês de até 18 meses.
- Também para o público família, criar eventos em datas comemorativas e, nesses eventos, incluir um painel para as pessoas tirarem foto. Para encorajar as postagens, os parceiros sortearão prêmios entre aqueles que divulgarem nas redes sociais.
- Para os aposentados, melhorar o atendimento do clube por meio de treinamento, realizar eventos e implementar a prática de descontos para aposentados que virarem sócios em grupo.
- Contratar uma agência de marketing digital para cuidar do SEO (*Search Engine Optimization*), *inbound marketing*, mídia paga, gestão das redes sociais, e-mail marketing e comunicação do clube.
- Contratar um assessor de vendas para focar na prospecção de clientes e parceiros.
- Realizar melhorias no *website*, atualizando-o, otimizando-o para os buscadores (SEO) e aumentando a pluralidade de canais de atendimento.
- Realizar treinamento dos colaboradores, pois vimos que é uma fraqueza do clube.

- Recadastrar os sócios para se certificar de que as informações disponíveis no sistema estejam atualizadas.
- Elaborar os *kits* dos sócios e clientes.
- Criar campanhas para captação de sócios.

____________________	Aprovação do plano:	____________________
Ana Luiza Collares Xavier Proponente	Em:	Carlos Magno Xavier Presidente do Clube

A.2. *Project Canvas* do projeto de implementação do plano estratégico de marketing do Clube Reivax

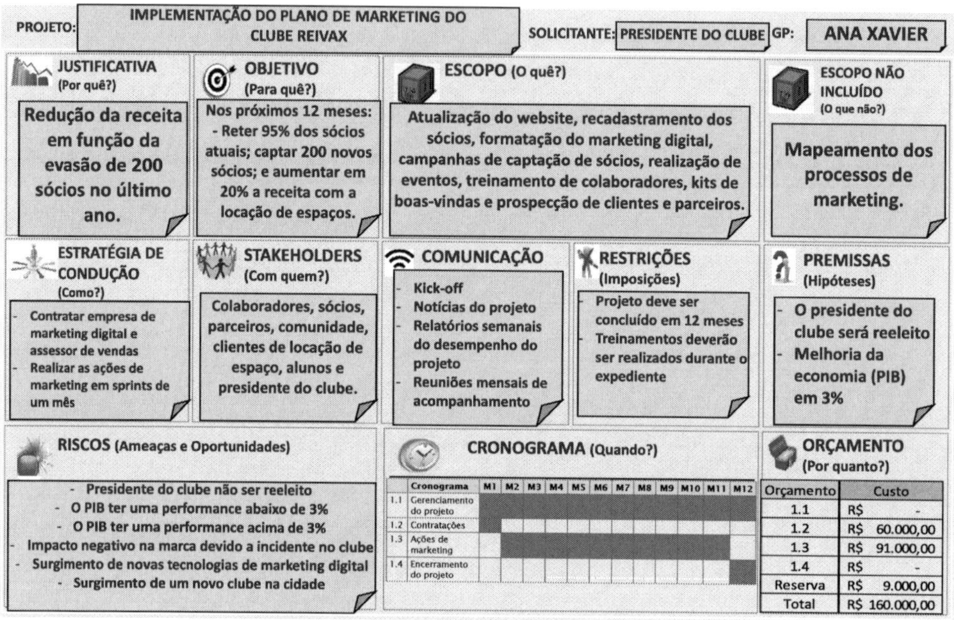

PROJECT CANVAS METHODWARE®

A.3. Proposta do projeto de implementação do plano estratégico de marketing do Clube Reivax

<table>
<tr><td>Clube Reivax CLUBE REIVAX</td><td colspan="2">PROPOSTA DE PROJETO
Número 021/20xx</td></tr>
<tr><td colspan="2" rowspan="2">Projeto: IMPLEMENTAÇÃO DO PLANO DE MARKETING</td><td>Início: 02/01/20xx</td></tr>
<tr><td>Término: 30/12/20xx</td></tr>
<tr><td colspan="2">Proponente: Ana Luiza Collares Xavier</td><td>Versão: 01</td></tr>
</table>

1. Justificativa

Em razão da crise econômica, o clube perdeu 200 sócios no último ano, tendo reduzido também a receita com a locação de espaços, que é hoje de R$ 10.000,00 mensais.

2. Objetivos do projeto

Realinhar suas ações de marketing contemplando três objetivos principais nos próximos 12 meses: reter 95% dos sócios atuais; captar 200 novos sócios; e aumentar em 20% a receita com a locação de espaços.

3. Escopo

Este projeto tem como escopo: atualização do *website*; formatação do marketing digital; recadastramento dos sócios; campanhas de captação de sócios; realização de eventos temáticos e em dias festivos; criação de grupos no WhatsApp; criação de espaço *wi-fi* para acesso gratuito à internet; criação de painel com fotos; melhoria do atendimento aos sócios e locatários, com treinamento de colaboradores e entrega de *kits* de boas-vindas; e prospecção de clientes e parceiros.

4. Escopo não incluído

Não fará parte do escopo do projeto o mapeamento dos processos de marketing.

5. Premissas (*assumptions*)

O presidente do clube será reeleito e haverá melhora da economia (PIB do Brasil aumentará em 3% nos próximos 12 meses).

6. Restrições

O projeto deve ser concluído em 12 meses; e os treinamentos deverão ser realizados durante o expediente.

7. Prazo e custo do projeto

		Custo	M1	M2	M3	M4	M5	M6	M7	M8	M9	M10	M11	M12
1.1	Gerenciamento do projeto	R$ -												
1.2	Contratações	R$ 60.000,00												
1.3	Ações de marketing													
1.3.1	Marketing	R$ 5.000,00												
1.3.2	Relacionamento com o sócio	R$ 26.000,00												
1.3.3	Campanhas e eventos	R$ 50.000,00												
1.3.4	Prospecção	R$ 10.000,00												
1.4	Encerramento do projeto	R$ -												
	Reserva	R$ 9.000,00												
	Total	R$ 160.000,00												

8. Viabilidade econômica do projeto

Como são hoje mil sócios, a mensalidade é de R$ 300,00 e a receita média atual com aluguel de espaços é de R$ 10.000,00, a tabela a seguir mostra qual é o retorno mensal esperado do projeto.

Objetivos	Quantidade	Valor	Retorno mensal
Reter 95% dos sócios atuais (perda máxima de 50 sócios)	50	-R$ 300,00	-R$ 15.000,00
Captar 200 novos sócios	200	R$ 300,00	R$ 60.000,00
Aumentar em 20% a receita com a locação de espaços	20%	R$ 10.000,00	R$ 2.000,00
Retorno mensal			R$ 47.000,00

Como o custo estimado do projeto é de R$ 160.000,00, o retorno do investimento se dará em pouco mais de 3 meses.

____________________	Aprovação da proposta:	____________________
Ana Luiza Collares Xavier Proponente	Em:	Carlos Magno Xavier Presidente do Clube

A.4. Plano do Projeto de implementação do plano estratégico de marketing do Clube Reivax

Clube Reivax **CLUBE REIVAX**	**PLANO DO PROJETO**
Projeto: IMPLEMENTAÇÃO DO PLANO DE MARKETING DO CLUBE REIVAX	**Início: 02/01/20xx** **Término: 30/12/20xx**
Gerente do projeto: Ana Luiza Collares Xavier	**Versão: 01**

1. Justificativa

O Clube REIVAX está em operação há mais de 30 anos na cidade Glamorosa, contemplando atividades náuticas, sociais e esportivas, em um espaço de mais de 60 mil m^2, estando hoje com mil sócios. A infraestrutura do clube é excelente, com píer para estacionamento de barcos, estacionamento para carros e motos, piscina, parquinho infantil, cinema, academia, salão de beleza, espaços com churrasqueiras, salões para festas, quadras esportivas e restaurantes. Aulas de tênis, vela, canoagem, futebol, vôlei, pilates e dança também são oferecidas pelo clube através de parcerias.

Em razão da crise econômica, o clube perdeu 200 sócios no último ano, tendo reduzido também a receita com a locação de espaços, que é hoje de R$ 10.000,00 mensais.

2. Objetivos do projeto

Realinhar suas ações de marketing contemplando três objetivos principais nos próximos 12 meses: reter 95% dos sócios atuais; captar 200 novos sócios; e aumentar em 20% a receita com a locação de espaços.

3. Premissas (*assumptions*)

O presidente do clube será reeleito; e haverá melhora da economia (PIB do Brasil aumentará em 3%).

4. Restrições

O projeto deve ser concluído em 12 meses; e os treinamentos deverão ser realizados durante o expediente.

5. Relação dos envolvidos

RELAÇÃO DOS ENVOLVIDOS NO PROJETO				
ID	**Nome**	**Organização/ Cargo**	**Telefone/E-mail**	**Envolvimento**
1	Ana Luiza Collares Xavier	Assessora de Marketing do clube	21 3603-0202 r. 21 mkt@reivax.org.br	Gerente do projeto
2	Roberto Carlos	Chefe da Secretaria do clube	21 3603-0202 Sec@reivax.org.br	Equipe
3	Carlos Magno Xavier	Presidente do clube	21 3603-0202 r. 23 presidente@reivax.org.br	Patrocinador e cliente do projeto
4	Aline Peixoto	Diretora Social	21 3603-0202 r. 25 social@reivax.org.br	Equipe
5	Ingrid Amarante	Professora	21 3603-0202 r.26 ingrida@reivax.org.br	Cliente dos serviços
6	Almerindo Leal	Professor	21 3603-0202 r. 30 almerindol@reivax.org.br	Cliente dos serviços
7		Agência de Marketing		Parceira
8	Jorge Tadeu	Gerente de TI	21 3603-0202 r. 40 ti@reivax.org.br	Equipe
9		Alunos do clube		Clientes dos serviços
10		Sócios do clube		Clientes dos serviços
11		Locatários de espaços		Clientes dos serviços
12		Funcionários do clube		Parceiros
13		Comunidade		Clientes dos serviços

6. Escopo

6.1. Produtos/Serviços para o cliente

Este projeto tem como escopo: atualização do *website*; formatação do marketing digital; recadastramento dos sócios; campanhas de captação de sócios; realização de eventos temáticos e em dias festivos; criação de grupos no WhatsApp; criação de espaço *wi-fi* para acesso gratuito à internet; criação de painel com fotos; melhoria do atendimento aos sócios e locatários, com treinamento de colaboradores e entrega de *kits* de boas-vindas; e prospecção de clientes e parceiros.

6.2. Escopo não incluído

Não fará parte do escopo do projeto o mapeamento dos processos de marketing.

6.3. Estratégia de condução e comunicação do projeto

a) Realizar uma reunião de partida com os principais envolvidos.
b) Mensalmente emitir um relatório de desempenho do projeto.
c) Divulgar mensalmente, no boletim do clube, notícias do projeto.
d) Contratar uma empresa de marketing digital e um assessor de vendas no primeiro mês do projeto.
e) Realizar as ações de marketing em *sprints* de um mês, começando no segundo mês e indo até o 11º mês.
f) No início de cada mês realizar uma reunião de acompanhamento do projeto onde também serão definidas as ações que serão realizadas naquela *sprint*.
g) Ao final do projeto realizar uma reunião para o registro de lições aprendidas e gerar um relatório final do projeto.

6.4. Estrutura Analítica do Projeto – EAP

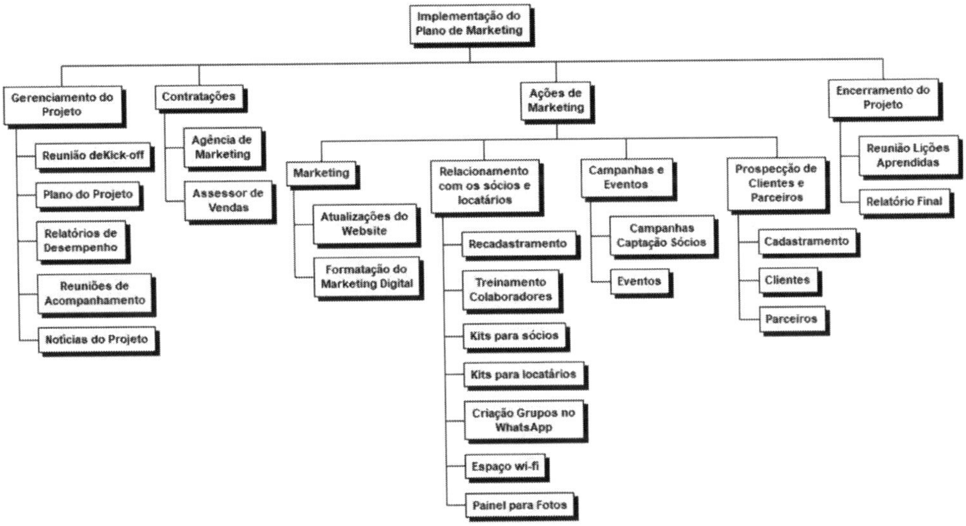

6.5. Descrição das entregas

		Descrição
1.1	Gerenciamento do projeto	
1.1.1	Reunião de *Kick-off*	A reunião de partida será realizada no auditório e será aberta pelo patrocinador. Devem ser convidados os principais envolvidos do projeto, com antecedência mínima de dois dias. Após a palavra do patrocinador, enaltecendo a importância do projeto, o gerente deve discorrer sobre a sua estratégia para condução do projeto.
1.1.2	Plano do Projeto	Documento em Word contendo o planejamento do projeto. Deve seguir o modelo da metodologia "Basic Methodware" e ter a logomarca da empresa.
1.1.3	Relatórios de Desempenho	Relato quinzenal do status do projeto, reportando aos principais envolvidos os pontos positivos e negativos durante a execução do projeto.
1.1.4	Reuniões de Acompanhamento	Reuniões mensais com os diretores, coordenada pelo gerente do projeto, para obter apoio nas ações que precisam ser executadas.
1.1.5	Notícias do Projeto	Emissão de notícias semanais para os colaboradores, ressaltando o processo de mudanças pelo qual o clube está passando, explicando o projeto, seus benefícios e o seu tempo de duração.

		Descrição
1.2	Contratações	
1.2.1	Agência de Marketing	Contratação de agência especializada em marketing digital para conduzir atuação do clube nas mídias sociais.
1.2.2	Assessor de Vendas	Contratação de um assessor de vendas que possa impulsionar a captação de sócios e a locação de espaços.
1.3	Ações de marketing	
1.3.1	Marketing	
1.3.1.1	Atualizações do *Website*	Configuração SEO, implementação de *pop up*, *push notification* e *chatbot*, criação de uma matriz de responsáveis por conteúdos do site; e alteração do conteúdo das páginas com informações desatualizadas.
1.3.1.2	Formatação do Marketing Digital	Definição das mídias que serão utilizadas, do cronograma mensal de publicações e da matriz de responsáveis por conteúdos.
1.3.2	Relacionamento com sócios e locatários	
1.3.2.1	Recadastramento	Realização do recadastramento de sócios, de forma a permitir o marketing direcionado.
1.3.2.2	Treinamento Colaboradores	Treinamento dos colaboradores no atendimento aos sócios e locatários.
1.3.2.3	*Kits* para sócios e locatários	Elaboração de *kits* a serem entregues aos novos sócios e aos locatários, com informações gerais e regras do clube.
1.3.2.4	Criação de Grupos no WhatsApp	Criação de grupos do tênis, futebol, náutica e outros que reforcem a união e o espírito de pertencimento ao clube.
1.3.2.5	Espaço *wi-fi*	Criação de espaço para acesso à internet, com motivação e decoração para adolescentes.
1.3.2.6	Painel para Fotos	Criação de um painel em área comum do clube onde os associados possam tirar fotos e contribuir com a divulgação do clube.
1.3.3	Campanhas e eventos	
1.3.3.1	Campanhas Captação Sócios	Campanhas bimensais, com temas diversos, para a captação de sócios.
1.3.3.2	Eventos	Realização de eventos: carnaval; páscoa; dia das mães; dia dos pais; dia das crianças; aniversário do clube e Papai Noel.
1.3.4	Prospecção de clientes e parceiros	
1.3.4.1	Cadastramento	Realização do recadastramento de clientes (locatários) e parceiros, de forma a permitir o marketing direcionado.

		Descrição
1.3.4.2	Clientes	Ações junto aos possíveis locatários de forma a aumentar a locação de espaços.
1.3.4.3	Parceiros	Ações junto aos possíveis parceiros de forma a aumentar a locação de espaços e a captação de sócios.
1.4	Encerramento do Projeto	
1.4.1	Reunião Lições Aprendidas	*Workshop* com duração de duas horas para o registro das lições aprendidas do projeto, devendo participar os principais *stakeholders*.
1.4.2	Relatório Final	Documento contendo o resultado do projeto. Deve seguir o modelo da metodologia "Basic Methodware" e ter a logomarca da empresa.

7. Riscos

REGISTRO DE RISCOS			
ID	**Riscos (ameaça/oportunidade)**	**Exposição ao risco**	**Respostas ao Risco**
1	Paralisação do projeto em razão da não reeleição do presidente do clube (ameaça)	M x M Média	– Em caso de novo presidente, realizar apresentação do projeto.
2	Procura por títulos do clube aquém do esperado em razão do PIB ter uma performance abaixo de 3% (ameaça)	B x M Baixa	– Aceitar em razão da baixa exposição
3	Procura por títulos do clube além do esperado em razão do PIB ter uma performance acima de 3% (oportunidade)	B x M Baixa	– Aceitar em razão da baixa exposição
4	Impacto negativo na marca devido a um incidente no clube (ameaça)	M x A Alta	– Propor que o clube faça um plano de respostas aos riscos organizacionais – Comunicação constante com os funcionários, orientando acerca dos procedimentos a serem cumpridos
5	Redução do engajamento com o projeto em razão do baixo envolvimento do patrocinador e outros *stakeholders* do projeto (ameaça)	M x A Alta	– Enviar ao patrocinador e aos principais *stakeholders* relatos periódicos acerca do desempenho do projeto
6	Possibilidade de ampliar a utilização do marketing digital, em razão do surgimento de novas tecnologias (oportunidade)	B x M Baixa	– Monitorar o mercado para verificar as tendências tecnológicas no marketing digital

REGISTRO DE RISCOS			
ID	**Riscos (ameaça/oportunidade)**	**Exposição ao risco**	**Respostas ao Risco**
7	Evasão de sócios e/ou redução da procura por títulos do clube em razão do surgimento de um novo clube na cidade ou ações de marketing de clubes concorrentes (ameaça)	B x A Média	– Monitorar o mercado para reagir rapidamente ao surgimento de um novo clube na cidade ou ações de marketing de clubes concorrentes

8. Cronograma

PROJETO EXEMPLO													
CRONOGRAMA DO PROJETO													
Cronograma		**M1**	**M2**	**M3**	**M4**	**M5**	**M6**	**M7**	**M8**	**M9**	**M10**	**M11**	**M12**
1.1	Gerenciamento do projeto												
1.1.1	Reunião de *kick-off*	■											
1.1.2	Plano do projeto	■											
1.1.3	Relatórios de desempenho	■	■	■	■	■	■	■	■	■	■	■	■
1.1.4	Reuniões de acompanhamento	■	■	■	■	■	■	■	■	■	■	■	■
1.1.5	Notícias do projeto	■	■	■	■	■	■	■	■	■	■	■	■
1.2	Contratações												
1.2.1	Agência de marketing	■											
1.2.2	Assessor de vendas	■											
1.3	Ações de marketing												
1.3.1	*Sprint* 1		■										
1.3.2	*Sprint* 2			■									
1.3.3	*Sprint* 3				■								
1.3.4	*Sprint* 4					■							
1.3.5	*Sprint* 5						■						
1.3.6	*Sprint* 6							■					
1.3.7	*Sprint* 7								■				
1.3.8	*Sprint* 8									■			
1.3.9	*Sprint* 9										■		
1.3.10	*Sprint* 10											■	
1.4	Encerramento do projeto												
1.4.1	Reunião lições aprendidas												■
1.4.2	Relatório final												■

9. Orçamento

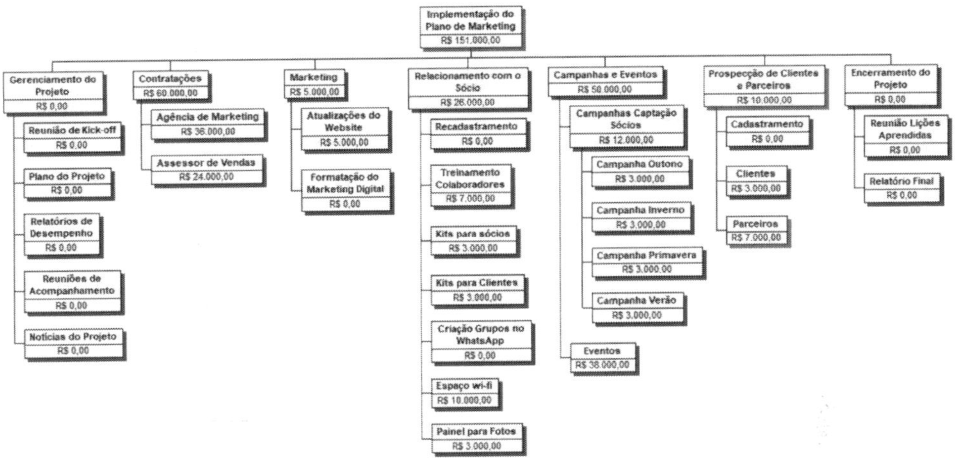

		Custo
1.1	Gerenciamento do Projeto	R$ -
1.2	Contratações	R$ 60.000,00
1.3	Ações de marketing	R$ 91.000,00
1.4	Encerramento do projeto	R$ -
	Reserva	R$ 9.000,00
	Total	R$ 160.000,00

10. Controle integrado de mudanças

Com o objetivo de estabelecer um sistema de controle de mudanças que permita identificar as alterações e os impactos ocasionados, principalmente no escopo, no cronograma e no orçamento do projeto, os seguintes procedimentos devem ser seguidos pela equipe do projeto:

- Qualquer mudança de escopo deverá ser solicitada por e-mail ao gerente do projeto.
- Só podem solicitar mudanças o cliente e o gerente do projeto.
- Qualquer solicitação de mudança deve ser avaliada pelo gerente do projeto em relação ao seu impacto em custo e prazo.
- A aprovação ou não das mudanças deve ser feita pelo patrocinador.

11. Acompanhamento do projeto

O acompanhamento do projeto será realizado através de uma reunião semanal, coordenada pelo gerente do projeto, o qual irá prover as informações necessárias para o monitoramento e controle do projeto, sendo reportado em seguida o andamento para o patrocinador do projeto, por e-mail.

Gerente do Projeto: ______________________

APROVAÇÃO: DATA: 10/01/20xx

Patrocinador: ______________________

Apêndice B. Modelos de Documentos

B.1. Modelo de plano de marketing

<Nome da Organização>	PLANO ESTRATÉGICO DE MARKETING
Elaborado por:	Versão:

1. Cenário

<Descrever sucintamente o cenário atual>

2. Objetivos do plano

<Os objetivos são os benefícios que o plano visa trazer para a organização. Deve, sempre que possível, ser SMART: *specific* (específico – estar claro); *measurable* (mensurável); *achievable* (alcançável); *realistic* (realista para os recursos disponíveis); e *time limited* (delimitado no tempo).>

3. Análise do negócio

Missão

<Razão pela qual a organização existe, o motivo pelo qual ela foi concebida e projetada.>

Visão

<A visão é a forma como a empresa caminha, seu direcionamento e trajetória. É a imagem do futuro que se deseja alcançar, através da missão, do foco e do trabalho.>

Valores

<Os valores são as motivações da empresa, o que faz com que ela seja ativa todos os dias e mantenha o foco para seus objetivos.>

Praça

<Local de atuação.>

Proposta de valor

<É o que você irá entregar ao cliente, qual o seu serviço/produto e por que o cliente irá optar pelo seu produto/serviço em vez da concorrência.>

Segmentos de clientes

<Definição do segmento de clientes a que seu serviço/produto irá atender. Em vez de tentar atender a todo mundo, devemos identificar para quem o seu produto/serviço entrega mais valor.>

Relacionamento com os clientes

<Como o relacionamento com seus clientes se dá. Pode ser por meio de um programa de fidelidade, por exemplo.>

Canais

<Os canais são os pontos de contato entre o seu cliente e a sua marca. Os canais podem ser de vendas, comunicação e distribuição do produto.>

Parcerias-chave

<Parceria é uma ótima forma de entregar ainda mais valor ao cliente e/ou reduzir custos e/ou entregar mais serviços.>

Atividades-chave

<As atividades-chave são aquelas essenciais para o funcionamento da sua organização e entrega do valor prometido ao cliente.>

Recursos-chave

<Os recursos-chave são aqueles indispensáveis para que você consiga realizar as suas atividades-chave.>

Estrutura de custos

<Os itens que representam os seus custos mais relevantes.>

Fontes de renda ou receita

<Fontes de receita>.

4. Diagnóstico

Análise SWOT

Forças e fraquezas

<No âmbito interno, listamos todas as características positivas que ajudam a entregar valor ao cliente e podem ser utilizadas como diferenciais competitivos. Em seguida, vemos as fragilidades percebidas pela organização que podem ser responsáveis pela perda de sua capacidade competitiva e um obstáculo para o atingimento dos objetivos corporativos e a entrega de valor ao cliente.>

Ameaças e oportunidades

<O âmbito externo mostra os eventos e fatos do mercado que podem ser aproveitados pela organização (oportunidades) ou que possam afetar negativamente a organização (ameaças).>

Concorrentes

<A análise dos concorrentes é importante para identificar como você se diferenciará no mercado, respondendo à pergunta do seu público-alvo sobre por que comprar de você e não do outro, e é importante para obter inspiração do que fazer ou do que não fazer.>

Público-alvo

<Tendo informações, você conseguirá traçar um perfil (ou perfis) amplo de pessoas e organizações com características em comum que possam se interessar pelo seu produto, levando em consideração seu perfil geográfico, demográfico, comportamental e psicológico.>

5. Jornada do cliente

Aprendizado e descoberta

<A jornada de compra começa com o surgimento de uma necessidade, que ainda não tem forma ou solução, e é algum interesse ou problema que desperta e faz a pessoa buscar entender aquilo.>

Reconhecimento do problema

<Depois de surgir e entender a necessidade, o consumidor passa a saber o que ele precisa.>

Consideração da solução

<Após pesquisar, o consumidor começa a mapear e avaliar as soluções possíveis para ele.>

Decisão de compra

<Conhecendo suas opções, o consumidor começa a avaliar os diferenciais de cada uma e toma a decisão de compra.>

6. Estratégias

<Criar a estratégia que divulgará o seu diferencial competitivo e que o ajudará a atingir os seus objetivos, estando alinhada com o rumo que o mercado está caminhando, devendo ser traçada de acordo com o público-alvo.>

7. Táticas

<Enquanto pensamos na estratégia como sendo "o que fazer", as táticas são o "como fazer", ou seja, a parte tática consiste na definição das ações que colocam em prática as estratégias.>

____________________ Aprovação do plano: ____________________

Em:

Proponente Aprovador

B.2. Modelos da Basic Methodware®

B.2.1. Modelo de Project Canvas Methodware®

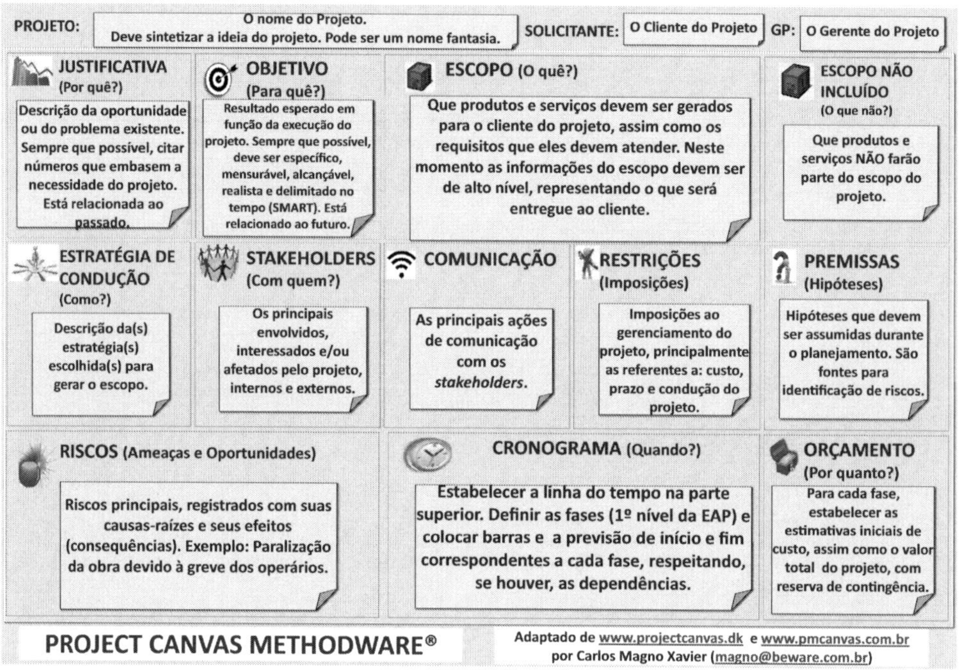

B.2.2. Modelo de proposta de projeto

<table>
<tr><td colspan="2"><nome ou logomarca da organização></td><td colspan="2">PROPOSTA DE PROJETO</td></tr>
<tr><td colspan="3" rowspan="2">Projeto: <nome do projeto></td><td>Início: <data de início sugerida></td></tr>
<tr><td>Término: <data de término sugerida></td></tr>
<tr><td colspan="3">Proponente: <nome da pessoa e setor></td><td>Versão: <número></td></tr>
</table>

1. Justificativa do projeto

<A justificativa é a razão pela qual o cliente demandou o projeto. Descreve a oportunidade ou o problema existente, contemplando, quando for o caso, o histórico correspondente.>

2. Objetivos do projeto

<O objetivo/benefício é a contribuição ou auxílio que o projeto visa trazer para a organização, em especial em relação à solução do problema ou para o aproveitamento da oportunidade. Deve, sempre que possível, ser SMART: *specific* (específico – estar claro); *measurable* (mensurável); *achievable* (alcançável); *realistic* (realista para os recursos disponíveis); e *time limited* (delimitado no tempo).>

3. Descrição do escopo do projeto

<O escopo do projeto é o conjunto de produtos e serviços que devem ser desenvolvidos e entregues para que possam ser alcançados os benefícios do projeto.>

4. Escopo não incluído

<Deixar claro o que o projeto não vai fazer ajuda a limitar o trabalho que será realizado e evita expectativas que não serão atendidas.>

5. Restrições (imposições)

<As restrições são fatores que limitam as opções da equipe de gerenciamento do projeto.>

6. Premissas (hipóteses)

<As premissas são hipóteses assumidas para efeito de concepção do projeto. Como temos incertezas em relação ao que assumimos, as premissas são fontes para identificação de riscos.>

7. Prazo e custo do projeto

<As fases colocadas em uma linha de tempo, com o custo de cada uma.>

8. Viabilidade econômica do projeto

<Para ser viável economicamente, o retorno do investimento deve compensar os recursos que serão gastos pelo projeto. Os quatro indicadores de viabilidade mais utilizados são: Valor Presente Líquido (VPL); Taxa Interna de Retorno (IRR); Índice de Lucratividade (IL); e *Payback* Descontado (PBD).>

____________________	Aprovação da proposta:	____________________
	Em:	
Proponente		Aprovador

B.2.3. Modelo de plano do projeto

<nome ou logomarca da organização>	**PLANO DO PROJETO**
Projeto: <nome do projeto>	**Início: <data de início>**
	Término: <data de término>
Solicitante: <nome do setor ou empresa solicitante>	**Referência: <documento de solicitação/contrato>**
Patrocinador do projeto: <nome do *sponsor*, caso não seja o próprio solicitante>	**Gerente do projeto: <nome do gerente>**

1. Justificativa

<Descrição da oportunidade ou do problema existente. Sempre que possível, citar números que embasem a necessidade do projeto. Está relacionada ao passado. (Por quê?)>

2. Objetivos do projeto

<Resultado esperado em função da execução do projeto. Sempre que possível, deve ser específico, mensurável, alcançável, realista e delimitado no tempo (SMART). Está relacionado ao futuro (para quê?).>

3. Premissas

<Hipóteses que devem ser assumidas durante o planejamento. São fontes para identificação de riscos.>

4. Restrições

<Imposições ao gerenciamento do projeto, principalmente as referentes a custo, prazo e condução do projeto.>

5. Relação dos envolvidos

RELAÇÃO DOS ENVOLVIDOS NO PROJETO				
ID	**Nome**	**Organização/ Cargo**	**Telefone/E-mail**	**Envolvimento**
1	<Nome do patrocinador, cliente, parceiros e membros da equipe>	<Nome da organização e cargo que exerce>	<Celular, telefone fixo e correio eletrônico>	<Envolvimento no projeto>
2				
3				

6. Escopo

6.1 Descrição do escopo do cliente

<Descrever os produtos e/ou serviços que serão gerados no projeto.>

6.2 Escopo não incluído

<Ressaltar de forma clara e objetiva o que não faz parte do escopo.>

6.3 Estratégia de condução do projeto

<Como será gerado o escopo do cliente.>

6.4 Estrutura Analítica do Projeto – EAP

<Colocar no espaço a EAP na forma gráfica ou em lista.>

6.5. Descrição das entregas

<Descrever as entregas.>

7. Riscos

REGISTRO DE RISCOS				
ID	**Risco (ameaça/ oportunidade)**	**Exposição ao risco** **A= Alta** **M= Média** **B= Baixa**	**Resposta ao risco**	**Responsável**
	<descrever o risco identificado>	<classificar>	<descrever a reação ao risco>	<nome de quem irá responder/ monitorar o risco>

8. Cronograma

<Cronograma do projeto com as entregas, marcos e atividades.>

CRONOGRAMA DO PROJETO							
EAP do Projeto, Atividades e Marcos	**ANO:**						
	JAN	**FEV**	**MAR**	**ABR**	**MAI**	**JUN**	**....**
<Fases, produtos e subprodutos, assim como as atividades e marcos necessários>							

9. Orçamento

Código da EAP	Nome do produto ou serviço	Custo
	<associar a EAP do projeto aos custos orçados>	

Ou

ORÇAMENTO DO PROJETO					
Grupo	**Recurso**	**Unitário**	**Qtd**	**Unidade**	**Total**
<classificar o tipo de recurso: equipamento, material ou pessoas>	<descrever o tipo de recurso>	<valor unitário>	<quant.>	<definir>	<valor total do item>
Custo do projeto					

10. Controle integrado de mudanças

Com o objetivo de estabelecer uma sistemática de controle de mudanças, que permita identificar as alterações e os impactos ocasionados, principalmente, no escopo, cronograma e orçamento do projeto, os seguintes procedimentos devem ser seguidos neste projeto:

- Qualquer mudança de escopo deverá ser registrada em formulário próprio, conforme modelo do anexo 1, PEDIDO DE MUDANÇA (PM), numerado sequencialmente.
- Qualquer solicitação de mudança deve ser assinada pelo gerente do projeto após análise de impacto.
- A aprovação ou não das mudanças deve ser feita pelo <nome da pessoa ou cargo/função do responsável por aprovar ou não as mudanças>.

<Incluir outros itens conforme as práticas da organização.>

11. Acompanhamento do projeto

O acompanhamento do projeto será realizado através do formulário constante do Anexo 2 – Relatório de Desempenho do Projeto, o qual irá prover as informações necessárias para o monitoramento e controle do projeto, sendo realizadas reuniões <frequência> com o <cliente/patrocinador> para acompanhamento do projeto.

APROVAÇÕES:

DATA:

Gerente do Projeto: ______________________

Patrocinador: ______________________

Anexo 1

<table>
<tr><td><nome ou logomarca da Organização></td><td colspan="2">PEDIDO DE MUDANÇA</td><td colspan="2">PM Nº____</td></tr>
<tr><td colspan="3">Projeto:</td><td colspan="2">Data:</td></tr>
<tr><td>Solicitado por:</td><td colspan="4">Contato:</td></tr>
<tr><td colspan="5">DETALHES DA MUDANÇA</td></tr>
<tr><td colspan="5">Descrição:</td></tr>
<tr><td colspan="5">Motivo:</td></tr>
<tr><td colspan="5">AVALIAÇÃO DOS IMPACTOS</td></tr>
<tr><td colspan="5">Escopo:</td></tr>
<tr><td colspan="5">Custo:</td></tr>
<tr><td colspan="5">Prazo:</td></tr>
<tr><td colspan="5">Qualidade:</td></tr>
<tr><td colspan="2">Solicitação Aprovada ( )</td><td colspan="3">Solicitação Rejeitada ( )</td></tr>
<tr><td colspan="5">Justificativa:</td></tr>
<tr><td colspan="3">Gerente de projeto:</td><td>Data:</td><td></td></tr>
<tr><td colspan="3">Responsável pela aprovação:</td><td>Data:</td><td></td></tr>
</table>

Anexo 2

<table>
<tr><td><nome ou logomarca da Organização></td><td>RELATÓRIO DE DESEMPENHO</td><td>Período: dd/mm/aaaa a dd/mm/aaaa</td></tr>
<tr><td colspan="2">Projeto:</td><td>Cliente:</td></tr>
<tr><td colspan="2">Elaborado por:</td><td>Data de emissão:</td></tr>
</table>

1. Atividades realizadas

<Atividades concluídas desde o último relatório.>

Dicas:

- Inclua o nome da atividade como está no cronograma, incluindo o código da EAP. Isso ajuda a facilitar a identificação das atividades.
- Para facilitar a compreensão do relatório, sempre que se julgar necessário deve ser incluído um pequeno parágrafo explicativo.
- Se a atividade estava atrasada, mencionar desde quando.
- Mencionar sempre quando uma atividade não estava programada no planejamento inicial. Por exemplo, atividades de replanejamento, ou atividades resultantes de ações para correção de desvios (item 6).
- Para atividades "Fase", ou seja, aquelas que agrupam atividades relacionadas, não é necessário listá-las, a não ser que seja considerado relevante.

2. Atividades pendentes

<Atividades que deveriam ter sido concluídas e não foram, utilizando as dicas de 1.>

3. Pontos de atenção

<Liste os pontos de atenção e um breve parágrafo explicativo.>

4. Próximas atividades

<Atividades que estarão em foco no próximo período de acompanhamento do projeto, utilizando as dicas de 1.>

5. Posicionamento em relação ao cronograma planejado

Dica: caso esteja utilizando o MS-Project, inserir o cronograma (*Gantt* de Controle) com o avanço físico até o momento.

6. Razões dos desvios e sugestões de ações corretivas

<Lançar a motivação para os desvios em relação ao programado e as sugestões de ações corretivas que serão implementadas.>

7. Previsão de término do projeto

<Prognóstico de custo e prazo para o término do projeto.>

____

ASSINATURA <gerente do projeto>

B.2.4. Modelo de ata de reunião

Projeto: <nome>	
Ata de Reunião	
Objetivo: <o que se espera com a reunião>	**Data:** __/__/___
Elaborado por: <nome e função>	**Versão:** _._
I. Relação dos presentes	
II. Assuntos tratados	
III. Decisões tomadas	
IV. Ações a serem empreendidas e prazos	**Responsável**
V. Próxima Reunião:	

<local>, em ___ de _____ de ____________.

____

ASSINATURAS <principais envolvidos>

B.2.5. Modelo de aceite

1. RELAÇÃO DOS PRODUTOS/SERVIÇOS ENTREGUES			
ID/EAP	Descrição	Observações	Total/Parcial

2. IDENTIFICAÇÃO DO RESPONSÁVEL PELO RECEBIMENTO

3. IDENTIFICAÇÃO DO RESPONSÁVEL PELA ENTREGA

4. OBSERVAÇÕES DO RECEBIMENTO

B.2.6. Modelo de quadro *Kanban*

TO DO	MUST DO	DOING	DONE

Apêndice C. Glossário

(Extraído do *PMBOK® Guide* e complementado)

Aceitação dos riscos/*Risk acceptance.* Uma técnica de planejamento de respostas a riscos que indica que a equipe do projeto decidiu não alterar o plano de gerenciamento do projeto para lidar com um determinado risco ou que não consegue identificar uma outra estratégia de resposta adequada.

Ações corretivas/*Corrective action.* Orientação documentada para que o trabalho do projeto seja executado de modo que seu desempenho futuro esperado fique de acordo com o plano de gerenciamento do projeto.

Área de conhecimento em gerenciamento de projetos/*Project management knowledge area.* Uma área identificada de gerenciamento de projetos definida por seus requisitos de conhecimentos e descrita em termos dos processos que a compõem, suas práticas, entradas, saídas, ferramentas e técnicas.

Atividade/*Activity.* Um componente de trabalho realizado durante o andamento de um projeto. Veja também atividade do cronograma.

Atividade crítica/*Critical activity.* Qualquer atividade do cronograma em um caminho crítico de um cronograma do projeto. Mais comumente determinada através do método do caminho crítico. Embora algumas atividades sejam "críticas", no sentido literal, sem estar no caminho crítico, esse significado é raramente usado no contexto de projetos.

Caminho crítico/*Critical path*. Geralmente, mas não sempre, a sequência de atividades do cronograma que determina a duração do projeto. Normalmente, é o caminho mais longo através do projeto. No entanto, um caminho crítico pode terminar, por exemplo, em um marco do cronograma que está no meio do cronograma do projeto e que possui uma restrição de cronograma de data imposta do tipo "prazo máximo para término".

Ciclo de vida do produto/*Product life cycle*. Um conjunto de fases do produto que não se sobrepõem, geralmente em ordem sequencial, cujos nomes e quantidades são determinados pelas necessidades de fabricação e controle da organização. A última fase do ciclo de vida de um produto geralmente é a deterioração e a morte do produto. Geralmente, o ciclo de vida do projeto faz parte de um ou mais ciclos de vida do produto.

Ciclo de vida do projeto/*Project life cycle*. Um conjunto de fases do projeto, geralmente em ordem sequencial, cujos nomes e quantidades são determinados pelas necessidades de controle da organização ou organizações envolvidas no projeto. Um ciclo de vida pode ser documentado com uma metodologia.

Cliente/*Customer*. A pessoa ou organização que utilizará o produto, serviço ou resultado do projeto.

Conjunto de conhecimentos em gerenciamento de projetos/*Project Management Body of Knowledge* (PMBOK®). Uma expressão abrangente que descreve a soma dos conhecimentos contidos na profissão de gerenciamento de projetos. Assim como em outras profissões, como advocacia, medicina e contabilidade, o conjunto de conhecimentos pertence aos profissionais e acadêmicos que o aplicam e o desenvolvem. O conjunto de conhecimentos em gerenciamento de projetos completo inclui práticas tradicionais comprovadas amplamente aplicadas e práticas inovadoras que estão surgindo na profissão. O conjunto de conhecimentos inclui materiais publicados e não publicados. O *PMBOK® Guide* está em constante evolução.

Critérios de aceitação/*Acceptance criteria*. Os critérios, inclusive requisitos de desempenho e condições essenciais, que devem ser atendidos antes que as entregas do projeto sejam aceitas.

Cronograma de marcos/*Milestone schedule*. Um cronograma sumarizado que identifica os principais marcos do cronograma.

Cronograma do projeto/*Project schedule*. As datas planejadas para realizar as atividades do cronograma e para atingir os marcos do cronograma.

Custo/*Cost*. O valor monetário ou preço de uma atividade ou componente do projeto que inclui o valor monetário dos recursos necessários para realizar e terminar a atividade ou o componente ou para produzir o componente. Um custo específico pode ser composto de uma combinação de componentes de custo, inclusive horas de mão de obra direta, outros custos diretos, horas de mão de obra indireta, outros custos indiretos e preço de aquisição.

Descrição do escopo do produto/*Product scope description*. A descrição documentada do escopo do produto.

Entrega/*Deliverable*. Qualquer produto, resultado ou capacidade para realizar um serviço exclusivo e verificável que deve ser produzido para terminar um processo, uma fase ou um projeto. Muitas vezes utilizado mais especificamente com referência a uma entrega externa, que é uma entrega sujeita à aprovação do patrocinador ou do cliente do projeto.

Envolvidos/*Stakeholder*. Pessoas e organizações, como clientes, patrocinadores, organizações executoras e o público, que estejam ativamente envolvidas no projeto ou cujos interesses possam ser afetados de forma positiva ou negativa pela execução ou término do projeto. Elas podem também exercer influência sobre o projeto e suas entregas.

Equipe do projeto/*Project team*. Todos os membros da equipe do projeto, inclusive a equipe de gerenciamento de projetos, o gerente de projetos e, para alguns projetos, o patrocinador do projeto.

Escopo/*Scope*. A soma dos produtos, serviços e resultados a serem fornecidos na forma de projeto.

Escopo do produto/*Product scope*. As características e funções que descrevem um produto, serviço ou resultado.

Escopo do projeto/*Project scope*. O trabalho que deve ser realizado para entregar um produto, serviço ou resultado com as características e funções especificadas.

Especificação/*Specification*. Um documento que especifica, de maneira completa, precisa e verificável, requisitos, projeto, comportamento ou outras características de um sistema, componente, produto, resultado ou serviço e, com frequência, os procedimentos para determinar se essas cláusulas foram satisfeitas. Exemplos: especificação de requisitos, especificação de projeto, especificação de produto e especificação de testes.

Estrutura analítica do projeto (EAP)/*Work Breakdown Structure* (WBS) [Saídas/ Entradas]. Uma decomposição hierárquica orientada à entrega do trabalho a ser executado pela equipe do projeto para atingir os objetivos do projeto e criar as entregas necessárias. Ela organiza e define o escopo total do projeto. Cada nível descendente representa uma definição cada vez mais detalhada do trabalho do projeto. A EAP é decomposta em pacotes de trabalho. A orientação da hierarquia para a entrega inclui entregas internas e externas.

Fase do projeto/*Project phase*. Um conjunto de atividades do projeto relacionadas de forma lógica que geralmente culminam com o término de uma entrega importante. Na maioria dos casos, as fases do projeto são terminadas sequencialmente, mas podem se sobrepor em algumas situações do projeto. As fases podem ser subdivididas em subfases e depois em componentes; se o projeto ou parte do projeto estiver dividido em fases, essa hierarquia fará parte da estrutura analítica do projeto. Uma fase do projeto é um componente do ciclo de vida do projeto. Uma fase do projeto não é um grupo de processos de gerenciamento de projetos.

Gerente de projetos (GP)/*Project manager* (PM). A pessoa designada pela organização executora para atingir os objetivos do projeto.

Gráfico de barras/*Bar chart*. Uma representação gráfica de informações relacionadas ao cronograma. Em um gráfico de barras típico, as atividades do cronograma ou os componentes da estrutura analítica do projeto são listados verticalmente no lado esquerdo do gráfico, as datas são mostradas horizontalmente na parte superior e as durações das atividades são exibidas como barras horizontais posicionadas de acordo com as datas. Também chamado de Gráfico de *Gantt*.

Lições aprendidas/*Lessons learned*. A aprendizagem obtida no processo de realização do projeto. As lições aprendidas podem ser identificadas a qualquer momento. Também consideradas um registro do projeto, que será incluído na base de conhecimento de lições aprendidas.

Linha de base/*Baseline*. O plano dividido em fases aprovado (para um projeto, um componente da estrutura analítica do projeto, um pacote de trabalho ou uma atividade do cronograma), mais ou menos o escopo do projeto, o custo, o cronograma e as mudanças técnicas aprovados. Em geral, refere-se à linha de base atual, mas pode se referir à original ou a alguma outra linha de base. Normalmente usada com um modificador (por exemplo, linha de base dos custos, do cronograma, da medição de desempenho, técnica).

Marco do cronograma/*Schedule milestone*. Um evento significativo no cronograma do projeto, como um evento que limita o trabalho futuro ou que termina uma entrega importante. Um marco do cronograma possui duração nula. Às vezes chamado de atividade-marco.

Metodologia/*Methodology*. Um sistema de práticas, técnicas, procedimentos e regras usado pelas pessoas que trabalham em uma disciplina.

Modelo/*Template*. Um documento parcialmente completo em um formato predefinido que fornece uma estrutura definida para coletar, organizar e apresentar informações e dados. Os modelos geralmente se baseiam em documentos criados durante projetos anteriores. Os modelos podem reduzir o esforço necessário para realizar um trabalho e aumentar a consistência dos resultados.

Mudanças do escopo/*Scope change*. Qualquer mudança no escopo do projeto. Uma mudança do escopo quase sempre exige um ajuste nos custos ou no cronograma do projeto.

Objetivo/*Objective*. Algo em cuja direção o trabalho deve ser orientado, uma posição estratégica a ser alcançada ou um objetivo a ser atingido, um resultado a ser obtido, um produto a ser desenvolvido ou um serviço a ser realizado.

Oportunidade/*Opportunity*. Uma condição ou situação favorável para o projeto, um conjunto positivo de circunstâncias, um conjunto positivo de eventos, um risco que terá impacto positivo nos objetivos do projeto ou uma possibilidade de mudanças positivas.

Pacote de trabalho/*Work package*. Uma entrega ou componente do trabalho do projeto no nível mais baixo de cada ramo da estrutura analítica do projeto. O pacote de trabalho inclui as atividades do cronograma e os marcos do cronograma necessários para terminar a entrega do pacote de trabalho ou o componente do trabalho do projeto.

Patrocinador/*Sponsor*. A pessoa ou o grupo que fornece os recursos financeiros, em dinheiro ou em espécie, para o projeto.

Premissas/*Assumptions* (hipóteses). Premissas são fatores que, para fins de planejamento, são considerados verdadeiros, reais ou certos sem prova ou demonstração. As premissas afetam todos os aspectos do planejamento do projeto e fazem parte da elaboração progressiva do projeto. Frequentemente, as equipes do projeto identificam, documentam e validam as premissas durante o processo de planejamento. Geralmente, as premissas envolvem um grau de risco.

Problema/*Issue*. Um ponto ou assunto em discussão ou em disputa ou um ponto ou assunto que não está resolvido e está sob discussão ou sobre o qual existem pontos de vista opostos ou desacordos.

Projeto/*Project*. Um esforço temporário empreendido para criar um produto, serviço ou resultado exclusivo.

Relatórios de desempenho/*Performance reports*. Documentos e apresentações que fornecem informações organizadas e resumidas sobre o desempenho do trabalho, cálculos e parâmetros de gerenciamento de valor agregado e análises de andamento e progresso do trabalho do projeto. Formatos comuns de relatórios de desempenho incluem gráficos de barras, curvas S, histogramas, tabelas e diagrama de rede do cronograma do projeto mostrando a situação atual do cronograma.

Requisito/*Requirement*. Uma condição ou capacidade que deve ser atendida ou possuída por um sistema, produto, serviço, resultado ou componente para satisfazer um contrato, uma norma, uma especificação ou outros documentos impostos formalmente. Os requisitos incluem necessidades, desejos e expectativas quantificados e documentados do patrocinador, do cliente e de outros envolvidos.

Reserva para contingências/*Contingency reserve*. Os fundos, o orçamento ou o tempo necessário, além da estimativa, para reduzir o risco de ultrapassar os objetivos do projeto a um nível aceitável para a organização.

Restrição/*Constraint*. O estado, a qualidade ou o sentido de estar restrito a uma determinada ação ou inatividade. Uma restrição ou limitação aplicável, interna ou externa ao projeto, que afetará o desempenho do projeto ou de um processo.

Risco/*Risk*. Um evento ou condição incerta que, se ocorrer, provocará um efeito positivo ou negativo nos objetivos de um projeto.

Solicitação de mudança/*Change request*. Solicitações para aumentar ou reduzir o escopo do projeto, modificar políticas, processos, planos ou procedimentos, modificar custos ou orçamentos ou revisar cronogramas. As solicitações de mudança podem ser feitas de forma direta ou indireta, por iniciativa externa ou interna e impostas por lei ou contrato ou opcionais. Somente as mudanças solicitadas formalmente documentadas são processadas e somente as solicitações de mudança aprovadas são implementadas.

Apêndice D. Bibliografia

CRUZ, Fábio. **Scrum e Agile em Projetos.** 2.ed. Rio de Janeiro: Brasport, 2018.

OSTERWALDER, Alexander. **Business Model Generation:** inovação em modelos de negócios. Rio de Janeiro: Alta Books, 2011.

PMI. **Guia PMBOK:** um guia do conhecimento em gerenciamento de Projetos. 6.ed. Newtown Square: Project Management Institute, 2017.

PMI. The State of the PMO 2010. PM Solutions, *In*: **PM Network**, vol. 25, n. 8, Project Management Institute, 2011, p. 38.

XAVIER, Carlos Magno da Silva et al. **Metodologia de Gerenciamento de Projetos: Methodware®.** 3.ed. Rio de Janeiro: Brasport, 2014.

XAVIER, Carlos Magno da Silva. **Gerenciamento de Aquisições em Projetos.** 4.ed. Rio de Janeiro: FGV, 2018.

XAVIER, Carlos Magno da Silva. **Gerenciamento de Projetos:** como definir e controlar o escopo do projeto. 4.ed. São Paulo: Saraiva, 2018b.

XAVIER, Carlos Magno da Silva; XAVIER, Luiz Fernando da Silva. **Metodologia Simplificada de Gerenciamento de Projetos:** Basic Methodware®. Rio de Janeiro: Brasport, 2011.

+ de 200 Títulos
BRASPORT
e-Book
50% mais barato que o livro impresso.
Confira nosso catálogo!
À venda nos sites das melhores livrarias.